책, 어디까지 아니?

책, 어디까지 아니?

초판 1쇄 2019년 9월 10일
초판 4쇄 2025년 9월 10일

글쓴이 | 김윤정
그린이 | 우지현
펴낸이 | 조영진
펴낸곳 | 고래가숨쉬는도서관
출판등록 | 제2024-000082호
주소 | 서울시 서대문구 연희로41다길 13 바우하우스 2층
전화 | 02-6081-9680 팩스 | 0505-115-2680
블로그 | https://blog.naver.com/goraebook
이메일 | goraebook@naver.com

글 ⓒ 김윤정 2019 | 그림 ⓒ 우지현 2019

* 값은 뒤표지에 적혀 있습니다.
* 잘못 만든 책은 구입하신 서점에서 바꾸어 드립니다.
* 책의 내용과 그림은 저자나 출판사의 서면 동의 없이 마음대로 쓸 수 없습니다.

ISBN 979-11-87427-98-8 74010
       978-89-97165-49-0 74080(세트)

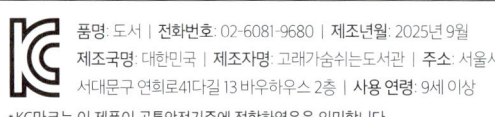

글쓴이 김윤정 | 그린이 우지현

차례

들어가는 이야기_ 책이 싫어! 6

1. 책, 너는 어디에서 온 거야? _10
죽은 사람의 행복을 비는 책 32

2. 새로운 기술로 변신을 거듭한 책! _34
특명, 목판을 훼손 없이 보관하라! 64

3. 책으로 엮인 사람들 _68
지금도 여럿이 모여야 책이 나와 88

4. 이곳에 가면 책 모험을 할 수 있지 _90
도서관 여행을 떠나자 112

5. 네가 상상하는 그 이상의 책을 만나! _114

나오는 이야기_ 내가 만나고 싶은 책! 120

부록 - 너의 책에 대해 알려 주마! 122

들어가는 이야기

책이 싫어!

"제발 책 좀 읽어!"

또 잔소리 시작. 엄마는 매일 나한테 책을 읽으라고 보챈다. 지금까지 엄마는 나에게 수없이 책을 빌려다 주었다. 하지만 정말 재미가 없어서 끝까지 읽어 본 책이 없다.

저번에는 책을 보는 척 펴고, 그 사이에 휴대 전화를 껴 놓았다. 실수로 책을 뒤집어 들고 있는 바람에 들켰지만…….

책, 그게 뭔데 자꾸 읽으라는 건지 모르겠다(일단 엄마가 빌려다 주는 책은 못 읽겠다). 무슨 책을 읽어야 할지도 모르겠는데 무조건 책을 읽으라고 하면 어쩌자는 건지.

오늘도 엄마 손에 끌려가다시피 도서관에 왔다. 엄마는 대출한 책을 반납하고(5권 중 4권이 내 책인데

끝까지 본 건 없다) 새 책을 빌려 올 때까지 '책을 보면서' 기다리라고 했다. 기다리면서 할 일까지 지정하고 간 엄마한테 화가 났지만, 엄마 속을 더 긁었다가는 오늘 대폭발이 일어날 것 같았다. 그래서 나는 엄마를 피해 책장 사이로 쏙 숨어 들어갔다.

슬렁슬렁 책을 뒤적이고 있다 보니 수상한 책 한 권이 눈에 들어왔다. 다른 책들은 책장에 가지런히 꽂혀 있는데 그 책만 창가에 어정쩡하게 놓여 있었다.

'누가 이런 데 책을 두고 갔지?'

가까이 가서 보니 표지에는 '책'이라는 제목만 덜렁 쓰여 있었다.

온몸으로 '나는 책이다!' 하고 외치는 것 같았다. 이 책은 희한하게 내가 여기 올 줄 알고 놓인 것처럼 보였다. 아니 나를 바라보고 있는 것처럼 느껴졌다. 그냥 갈까 하다가 예의상 한 페이지는 넘겨 줘야 할 것 같아 책을 집어 들었다. 살다 살다 책 눈치를 보는 건 처음이었다.

표지를 넘기자 첫 장부터 이상한 표가

하나 보인다.

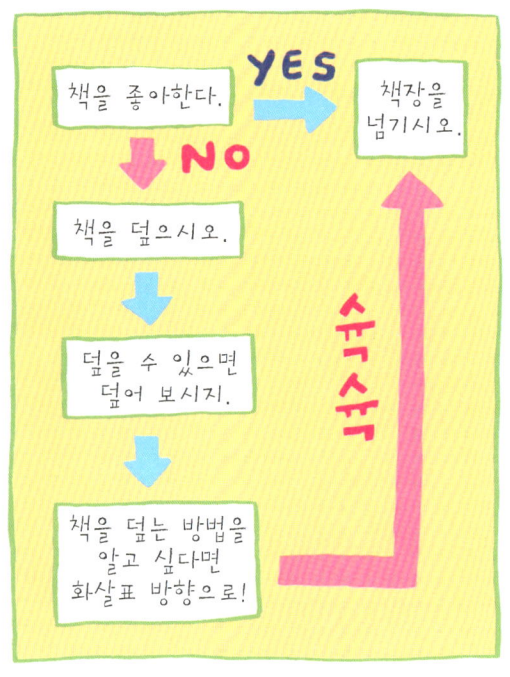

'이건 뭐야? 놀리는 건가?'

책을 좋아하든 싫어하든 어차피 다음 페이지로 넘기라는 말을 뭐 이렇게 길고 복잡하게 하나 싶었다. 가뜩이나 기분이 나빴는데 더 짜증이 났다. 당장 책을 덮기로 했다. 그런데 이 책 왜 이러지? 책이 손에서 떨어지지 않았다! 머릿속이 하얘졌다.

'누가 이런 장난을 친 거지? 접착제를 붙여 놓은 건가?'

너무 화가 났지만 일단 힘으로 떼 보기로 했다. 조용한 도서관에서 혼자 책을 끌어안고 끙끙거리고 있으니 다들 나를 이상하게 쳐다보는 것 같다.

그때, 하얗게 비어 있던 종이에 글씨가 나타나기 시작했다.

어서 책을 한 장 넘겨. 그래야 책을 떼어 낼 방법을 알 수 있어.

등골이 오싹해졌다. 어른들한테 도움을 청할까 하다가, "책이 손에서 떨어지지 않아요. 책이 내 생각을 읽어요."라고 말했다가는 어른 놀린다고 정말 혼날 것 같았다. 책을 손에서 떼어 내는 방법을 알기 위해서는 어쩔 수 없이 다음 페이지로 넘겨야 했다.

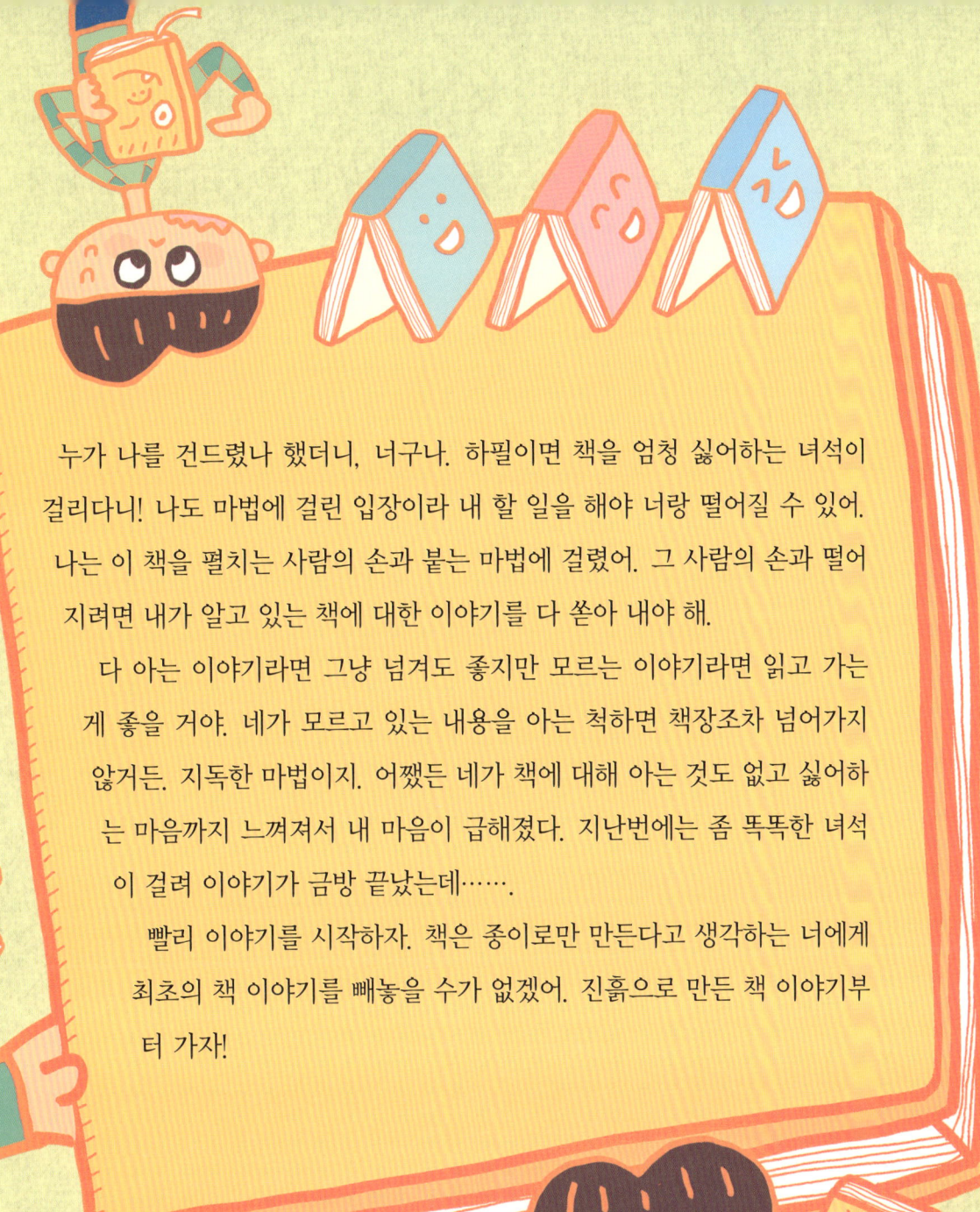

누가 나를 건드렸나 했더니, 너구나. 하필이면 책을 엄청 싫어하는 녀석이 걸리다니! 나도 마법에 걸린 입장이라 내 할 일을 해야 너랑 떨어질 수 있어. 나는 이 책을 펼치는 사람의 손과 붙는 마법에 걸렸어. 그 사람의 손과 떨어지려면 내가 알고 있는 책에 대한 이야기를 다 쏟아 내야 해.

다 아는 이야기라면 그냥 넘겨도 좋지만 모르는 이야기라면 읽고 가는 게 좋을 거야. 네가 모르고 있는 내용을 아는 척하면 책장조차 넘어가지 않거든. 지독한 마법이지. 어쨌든 네가 책에 대해 아는 것도 없고 싫어하는 마음까지 느껴져서 내 마음이 급해졌다. 지난번에는 좀 똑똑한 녀석이 걸려 이야기가 금방 끝났는데…….

빨리 이야기를 시작하자. 책은 종이로만 만든다고 생각하는 너에게 최초의 책 이야기를 빼놓을 수가 없겠어. 진흙으로 만든 책 이야기부터 가자!

점토판이 책의 시작!

맨 처음 인류가 책을 만들기 시작한 건 문명의 시작과 맞물려. 메소포타미아 문명이라고 들어 봤니? 지도를 펼치고 터키라는 나라를 찾아 봐. 거기서 티그리스강과 유프라테스강을 볼 수 있을 거야. 두 강 사이에서 발달한 문명이 바로 메소포타미아 문명이야.

메소포타미아 문명지에는 수메르인들이 살았어. 수메르인들은 쐐기 문자라고 불리는 설형 문자를 만들어 썼어. 최초의 문자였지. 사람들이 많이 모여 살다 보니 기억을 기록하고 소통을 좀 더 원활하게 하기 위해서 문자가 생겨난 거야. 기록이 차곡차곡 쌓이다 보니 같은 주제끼리 엮기도 하고 한 주제로 글을 써 두기도 했지. 기록의 묶음, 바로 책의 시작이었어.

최초의 책은 어떤 모습이었을까? 아직은 종이가 없던 시대여서 지금 우리가 보는 책과는 모습이 많이 달라. 사람들은 우선 주변에서 흔하게 구할 수 있는 재료로 책을 만들었어. 생각해 봐. 문명이 발달한 곳은 강을 끼고 있어. 강가에서 가장 흔하게 구할 수 있던 재료는? 그래, 진흙이야. 사람들은 진흙으로 점토판을 만들고 판이 단단하게 굳으면 그 위에 날카로운 도구를 이용해서 문자를 새겨 넣었어.

점토판에는 무엇을 기록했을까? 문명이 발생한 지역에서는 사람들이 주로 농사를 짓고 살았어. 때문에 날씨가 무엇보다 중요해서 하늘에 제사를 지내는 데 정성을 들였어. 제사를 지내고 농사를 짓고 나면, 얼마나 수확을 했는지 기록해 두었지. 그래야 작년보다 수확량이 더 많아졌는지, 줄었는지 알 수 있잖아. 제사에 바친 물품을 기록해 두는 일도 중요했을 거야. 기록을 남겨야 다음번 농사나 제사 때 필요한 물품을 예측할

수도 있고, 변수에 대처할 수도 있었을 거야.

사람들은 점차 나라를 형성하고 발전시키는 데 기록이 얼마나 중요한지 깨닫게 되었어. 기록을 잘해 놓으면 그 나라의 역사와 지혜를 후대에 물려줄 수 있었어. 그 지역의 문화를 알리고 보존하는 데에도 꼭 필요한 일이었지.

물론 문자가 생기기 이전에도 동굴이나 무덤 벽화에 그림을 그려 기록해 두기도 했어. 그날 사냥하거나 채집한 식량의 양, 사냥하는 방법, 부족에서 유행하는 춤 등을 그림으로 그려 두고 함께 보며 익히기도 했을 거야.

하지만 그림은 대대로 물려주기에 어려움이 있었어. 같은 주제로 그림을 그려도 사람에 따라 다 다르게 그렸고, 보는 사람에 따라 해석도 달랐지. 그래서 문자를 만들어 사용하게 된 거야. 문자가 발전하자 기록이 수월해졌고, 기록이 많이 쌓여 책도 늘어났어.

책은 이렇게 시작해서 오랜 세월에 걸쳐 다시 탄생하고 발전하기를 거듭했어. 사람들 가슴속에 담겨 있던 이야기들은 책을 통해 나타났어. 세상을 발전시킨 모든 지식들은 책에 담겨 사람들에게 전해졌지. 그 발자취를 알게 되면 아마 책에 대해 다시 생각해 보게 될 거야.

종이의 시작은 파피루스

메소포타미아 문명이 발생한 곳에서 서남쪽으로 내려가 보면 아프리카 대륙 북동쪽에 나일강이 있어. 이곳에서는 이집트 문명이 발생했어. 이집트 사람들은 중요한 일을 기록하는 데 진흙 판으로 만족하지 않았어. 하긴, 진흙 판은 잘 부서지고 무겁고 불편한 점이 많았을 것 같아. 그래서 이집트 사람들은 '파피루스'를 썼어. 파피루스는 지금 우리가 쓰는 종이의 기원이라고 봐도 좋아.

파피루스는 이집트 나일강 습지에서 자라는 긴 풀이야. 파피루스 줄기는 매우 질겨서 바구니나 신발로 만들어 쓸 수 있을 정도였어. 심지어 줄기를 엮어 배도 만들었대. 그러니 촘촘하게 엮어서 말리고 다듬으면 잘 찢어지지 않고 매끄러워 종이로 쓰기에 제격이었지. 둘둘 말아 두루마리 형태로 보관하기도 좋고 말이야.

이집트에서 파피루스를 만들어 쓰는 걸 본 주변 나라들은 너무나 부러워했어. 그 당시에 파피루스로 책을 만드는 건 정말 획기적인 일이었거든. 그래서 이집트에서는 파피루스를 주변 나라로 수출했지. 수출품으로는 이만한 효자 상품이 없었어. 파피루스라는 식물은 나일강 주변에서만 자랐기 때문에 이집트가 독점할 수 있었거든. 이집트는 파피루스를 비싸게 조금씩만 팔았어. 기술도 절대 알려 주지 않았어. 파피루스 만드는 일은 국가에서 철저하게 관리했지. 그러니 주변 나라에서는 파피루스가 늘 부족했어. 그럴수록 값은 올라서 파피루스를 사는 사람들만 울상이고 파는 이집트는 큰돈을 벌 수 있어 신이 났어.

1. 책, 너는 어디에서 온 거야?

이가 없으면 잇몸으로!

이집트 주변 나라들은 언제까지나 이집트의 파피루스만 믿고 있을 수 없었어. 파피루스를 대신할 종이를 찾느라 분주했지. 그러던 중 동물의 가죽으로 만든 양피지가 그 자리를 대신하는 사건이 생겨.

당시 이집트에서는 알렉산드리아 도서관을 세워서 책을 수집하는 데 열을 올리고 있었어. 그 모습을 본 페르가몬의 에우메네스 2세는 알렉산드리아 도서관에 맞설 수 있는 도서관을 만들기로 해. 대규모 도서관을 둔 책 전쟁이 시작된 거야.

고대에는 책이 무척이나 귀했어. 그래서 책을 쌓아 두는 도서관의 규모가 클수록 그 나라의 지혜와 권력을 뽐낼 수 있는 상징물이 되었어. 당시에는 책을 만들려면 지금처럼 인쇄를 해서 대량으로 찍어 내는 게

아니라 필사라는 걸 해야 했거든. 필사는 책을 베껴 쓰는 걸 말해. 작가나 학자를 초빙해서 그가 강연하는 말을 받아 적거나, 다른 사람이 가지고 있는 책을 빌려 와서 베껴 써야 했지. 그래서 책 한 권을 갖는 일은 시간도 오래 걸리고 품도 많이 들었어. 당연히 돈도 많이 들었고. 그러니 도서관을 둔 자존심 대결이 펼쳐진 게 이상하지 않을 정도야.

페르가몬 도서관과 알렉산드리아 도서관 둘 다 세계에서 가장 큰 도서관으로 키우고 싶은 욕심을 내세워 만든 도서관이었어. 그 거대한 도서관을 채우기 위해서는 엄청나게 많은 책이 필요했을 거야. 두 나라에서 대규모 필사가 이루어졌지. 필사를 하려면 파피루스도 대량으로 들여와야 했어. 이를 알게 된 이집트에서는 페르가몬 도서관이 커지게 그냥 놔두지 않았어. 이집트는 파피루스 수출을 금지하는 방법으로 제동을 걸었어.

페르가몬의 왕은 무척 화가 났어. 하지만 이가 없으면 잇몸으로 해낸다고, 페르가몬에서는 파피루스 대체품으로 양피지를 선택했어. 당장 양피지 공장을 세워 양피지를 대량으로 생산했지.

양피지는 양이나 염소, 송아지 같은 동물의 가죽을 이용해서 만든 종이야. 파피루스보다 훨씬 부드럽고 질겨서 고급스러운 책을 만들 수 있었지만, 만드는 시간이 오래 걸리고 값도 비쌌어. 대신 파피루스보다 습기에 강해서 오랜 시간 보관하기에는 양피지가 더 우수했어. 그래서 양피지의 장점을 살려 품질을 높이고 생산량을 늘리게 된 거야.

이때부터 유럽에서는 파피루스보다 양피지를 더 많이 사용했다고 해. 파피루스에 목을 매던 나라들은 점차 파피루스를 찾지 않았고, 파피루스 수출로 돈을 벌던 이집트는 오히려 손해를 보게 되었지. 중국에서 종이를 만드는 기술이 전해지기 전까지 유럽에서는 양피지가 대세였던 거야.

대나무를 엮어서 만든 책

본격적으로 종이를 만들기 전에는 주변에서 구하기 쉬운 재료로 종이를 대신했나 봐. 중국에는 예나 지금이나 대나무가 많아. 그래서 책을 만드는 재료로 대나무가 인기였어.

대나무에는 어떻게 글을 썼는지 궁금하지? 일단 대나무를 쪼개. 대나무를 결대로 쪼개면 세로로 길게 잘 쪼개졌어. 손질한 대나무 조각에 구멍을 내서 가죽이나 끈으로 잘 엮으면 하나의 두루마리가 완성되었지. 이렇게 만든 책을 '죽간'이라고 해. 죽간의 모양이 궁금하면 한자 책 자(冊)를 떠올려 보면 돼. 죽간의 대나무를 엮어 놓은 모양을 보고

이 한자를 만든 거거든.

　죽간은 글이 조금만 길어져도 상당히 무거워졌어. 지방에서 보고서를 모아 왕에게 보낼 때에는 수레를 이용할 정도였어. 대나무를 엮어 만든 두루마리는 천이나 종이처럼 짱짱하게 말기도 어려워서 정리하기도 불편했어.

　왕도 묵직한 죽간 보고서를 들고 읽기가 쉽지는 않았나 봐. 왕실에서 돌연 죽간 대신 흰 비단에 문서를 작성하게 했어. 하지만 비단은 지금도 그렇지만 옛날에도 고급 천이었어. 값이 너무나 비쌌지. 어디 손 떨

려서 보고서 쓰겠어? 그래서 좀 더 값싼 재료로 만들 수 있고, 촉감도 좋고 가벼운 그 무언가가 필요했어. 간절하면 이루어지는 걸까? 결국 중국에서 종이를 발견하게 돼.

역사를 바꾼 발견

후한 시대에 왕실에서 만든 문서를 보관하고 책임지는 관직이 있었어. 이 관직을 맡은 채륜이라는 사람이 죽간으로 만든 문서를 보관하는 일에 큰 어려움을 느끼고 있었어. 마침 왕도 죽간이 매우 불편했던지라 채륜에게 책을 만들 새로운 재료를 만들어 내는 데 아낌없이 지원할 테니 연구하라는 임무를 주었지. 채륜은 비단처럼 가볍고 죽간처럼 비용이 적게 드는 무언가를 만들기 위해 아주 오랜 시간 연구를 거듭했어. 종이는 그렇게 탄생했지. 이 종이는 채륜의 이름을 따서 '채후지'라고 불렀어.

사실 채후지가 나오기 전에도 몇몇 사람들이 종이를 만들긴 했어. 하지만 너무 얇거나 거칠고 힘이 없어서 책으로 엮기에는 부족했어. 그걸 보완해서 만든 게 채후지였지. 나무껍질, 낡은 천, 헌 그물 등을 이용해 만들었는데 기존의 종이와는 비교할 수 없을 만큼 가볍고 질겼다고 해. 죽간을 사용하던 사람들이 한눈에 반할 정도였어. 한 번도 안 써 본 사람은 있어도 한 번 써 본 사람은 없다나 뭐라나.

책의 역사는 종이가 만들어진 이후와 이전으로 나뉘어. 종이가 개발되자 좀 더 알아보기 쉽고 가지런한 모양새의 책을 만들 수 있게 되었거든. 죽간보다 더 오래 보관할 수 있게 된 건 물론이고, 가벼워 들고 다니기도 좋았어. 이제 책은 더 먼 곳으로 이동할 수 있게 되었고, 좀 더 오래 사람들 곁에 있을 수 있게 된 거야. 그 말은, 책에 담긴 지혜와 지식이 더 많은 사람들에게 알려지고, 더 먼 곳에 있는 사람에게도 전달할 수 있게 되었다는 뜻이야.

종이 중 으뜸, 한지

중국에서 종이를 만드는 기술이 만들어지고 나서 곧 우리나라에도 종이 만드는 기술이 들어오게 되었어. 학자들은 그 시기를 우리나라에 불교가 들어오던 삼국 시대로 짐작하고 있어. 불교를 전파하기 위해서는 불교 경전이 빠르게 보급되어야 하는데, 그러려면 많은 양의 종이가 필요하잖아. 그래서 불교와 종이 만드는 기술이 함께 전해졌을 거라고 추측하는 거지.

그리고 일본의 역사 기록에 중요한 기록이 하나 남아 있어. 610년에 고구려의 승려 담징이 맷돌과 함께 종이를 일본에 전해 주었다는 기록이야. 그러니 우리나라에서는 이전에 종이 만드는 기술을 알고 있었다는 뜻이지.

우리나라 전통 종이를 '한지'라고 불러. 한지는 품질이 매우 좋아서 중국에서도 수입을 할 정도였어. 보드랍기가 비단과 같다고 칭찬이 자자했지. 한지를 가져간 중국에서는 왕실의 중요한 기록을 남길 때만 꺼내서 썼다고 해. 기술은 중국에서 들여왔지만 우리나라만의 비법으로 품질 좋은 종이를 만들어 오히려 수출한 거야.

중국의 종이와 한지의 품질 차이는 무엇 때문이었을까? 중국에서는

나무껍질, 낡은 천 등 여러 재료를 넣고 만들었다고 했지? 우리나라에서는 품질이 좋은 닥나무만 골라서 종이를 만들었대. 11월에서 2월 사이에 1년생 햇닥나무만 썼다고 해. 재료에서부터 차이가 났던 거야.

한지를 만드는 과정을 간단하게 설명해 볼게. 얼마나 정성을 들이는지 보면 깜짝 놀랄 거야. 먼저 조건에 맞는 닥나무를 찾아서 가져와. 닥나무를 커다란 솥에 넣고 찐 다음, 껍질을 벗겨 햇볕이 잘 드는 곳에서 말려. 그리고 하루나 이틀 동안 차고 맑은 냇물에 담가서 불려. 충분히 불어난 나무를 다시 적당한 크기로 잘라서 잿물과 함께 넣고 충분히 삶아. 뜸을 들인 후 흐르는 맑은 물에 반나절 정도 담가 놓아서 당분, 잿물기, 기름기는 빼고 섬유질만 남겨.

세척과 표백을 끝낸 다음에는 닥방망이로 두들겨 찧어. 곤죽이 된 재료는 통에 넣고 물과 골고루 섞어 줘. 흐물흐물한 곤죽을 기구를 이용해서 손으로 살며시 뜨는 과정을 거치는데, 이 기술에 따라 종이의 종류와 품질이 결정되었대. 장인의 손길에 따라 품질이 천차만별이라 방법을 안다고 해서 모두 좋은 종이를 만들 수 있는 건 아니었어.

이렇게 정성을 들여 만든 한지는 어느 종이보다 희고 매끄러웠어. 수명이 길다는 점도 큰 장점이었지. 중국 왕실에서도 탐을 낼 만했어. 우리나라 왕실에서도 품질 좋은 종이를 만드는 일을 무척 중요하게 생각했어. 그래서 이 기술을 가진 장인들을 나라에서 관리를 했고, 조선 시대에는 경복궁 근처에 '조지소'라는 관청을 세워서 좀 더 전문적으로 종이를 만들고 기술을 발전시켰다고 해.

종이를 퍼트린 전쟁

종이가 중국에서 발견되고 우리나라와 일본으로 전해질 때에도 유럽에서는 아직 양피지와 파피루스를 번갈아 가며 쓰고 있었어. 간혹 실크로드를 통해 중국의 종이가 서아시아로 조금씩 전해지기는 했지만 유럽까지 퍼지기에는 양이 부족했지.

실크로드는 중국에서 서아시아를 거쳐 지중해까지 육로로 이어지던 무역로야. 중국의 비단이 수출되면서 실크로드라고 불렀어. 중국 상인들은 돈이 되는 값진 물건들을 싣고 가기에도 바빠서 종이를 많이 가져가지 못했어. 그래서 조금씩 가지고 가서 아주 비싸게 팔았다고 해. 그리고 종이는 팔아도 기술은 팔지 않았어. 절대 비밀이었지.

하지만 종이를 써 본 서아시아 사람들은 이미 종이가 얼마나 편리하고 좋은지 알고 있었어. 기술을 알게 될 기회만 노리고 있었을 거야. 그러다 한 전투를 계기로 종이 만드는 비법이 세상에 풀리게 되지.

전투가 벌어진 때는, 이슬람 제국의 군대가 아시아로 진출하던 시기였어. 이슬람 제국 군대는 중앙아시아 사마르칸트 부근 탈라스 강가에서 당나라 군대와 맞붙었어. 751년도의 일이야. 닷새 동안 매우 격렬한 전투가 벌어졌는데, 이 전투에서 당나라가 패했어. 이 전쟁으로 많은 포로가 이슬람 제국으로 끌려가게 돼. 그중에 종이를 만드는 기술자들이 있었던 거지.

이슬람 제국 사람들은 종이 기술자들을 매우 반겼어. 무역상을 통해서 값비싸게 조금씩 수입할 수밖에 없던 종이를 이제는 직접 만들 수 있게 되었잖아. 이슬람 제국 사람들은 종이 기술자의 목숨을 살려 주는 대신 종이를 만들게 했어. 당연히 기술도 배웠어. 이때부터 종이는 이슬람을 거쳐 유럽까지 퍼지게 되었지. 파피루스에 대단한 자부심을 갖고 있던 이집트에서도 종이를 거부하긴 힘들 정도였다고 하니, 얼마나 대단한 발견인지 알겠지?

그럼 이 사건 이후부터 유럽 전체에서 종이를 썼을까? 그건 아니야. 당시에 무역이 활발한 건 일부 지역이었고, 기술이 퍼져 나가는 데에는 아주 오랜 시간이 걸렸어. 종이 만드는 기술이 유럽 전체로 퍼지는 데에는 1000년이 넘는 시간이 걸렸지.

종이가 등장하면서 책의 형태는 발전을 거듭했어. 값비싼 양피지나 비단에서 벗어나 값싼 재

료로 종이를 만들 수 있게 되었으니 당연히 책도 늘어났지. 책을 읽고 쓰고 만드는 일이 퍼지면서 지식도 퍼져 나갈 수 있었어. 사람들을 변화시키고 세상이 더 발전할 수 있는 토대가 된 거야.

> 옛날엔 정말 종이가 귀했구나. 지금은 기계를 이용하니까 동일한 품질로 한꺼번에 많이 만들 수 있잖아. 오히려 종이를 낭비하지 말고 나무를 보존하자고 말할 정도로 많이 만들어지는데…… 근데 넌 어느 시대 종이로 만든 거야?

> 나도 아주 오랜 옛날, 사람의 손을 거쳐서 종이가 만들어지던 시절에 태어났지. 아무나 보거나 만질 수도 없는 귀한 몸이었어. 너는 옛날에 태어났으면 내 근처에 오지도 못했어!

> 귀하신 분, 제발 제 손 좀 봐주고 사라져 줄래요? 엉엉.

> 네가 모르는 게 하도 많아 점점 시간이 길어지는 거라고! 두루마리 형태로 만드는 책까지 이야기했으니 나처럼 제본하는 책 이야기까지 갈 길이 멀다.

죽은 사람의 행복을 비는 책

파피루스를 종이의 시작으로 본다면, 지금까지 발견된 유물 중 최초의 종이책으로 남아 있는 건 『사자의 서』야. 고대 이집트부터 전해 내려오는 이 책은 고대 이집트를 연구할 때 가장 중요한 자료로 여겨지기도 해.

『사자의 서』는 죽은 사람의 관 속에 넣어 둔 문서야. 고대 이집트에서는 사람이 죽은 뒤에 다른 세계로 가서 다시 살아간다고 생각했대. 그래서 파라오(이집트의 왕)가 죽으면 무덤 안에 사후 세계로 갈 수 있는 길을 안내하는 안내서를 넣어 두었어. 『사자의 서』는 바로 그 안내서였지.

『사자의 서』는 파피루스에 상형 문자로 기록되어 있어. 이집트에서는 상형 문자를 성스러운 문자로 생각했다고 해. 파피루스 역시 나일강이 주는 선물이라고 생각했지. 귀중한 이 두 가지로 죽은 사람을 위해 기록하고 싶던 건 무엇일까?

이집트 사람들은 죽은 사람이 다음 세상에도 행복하길 바랐어. 신에 대한 기도, 마법의 말을 기록하기도 하고, 죽은 왕이 뱀과 벌레 등 악령으로부터 몸을 보호하는 법을 기록하기도 했어. 죽은 사람이 되살

아나게 하는 주문도 넣었지.

　물론 『사자의 서』는 하루아침에 쓴 책은 아니야. 수천 년 동안 입에서 입으로 전해져 내려오는 주문을 정리하고 다듬어 기록한 거야. 나중에는 이런 내용의 글을 파피루스에만 적어 놓지 않았어. 파라오의 무덤인 피라미드 안쪽 벽에 새겨 넣기도 하고 관에 주문을 써 놓기도 했어. 그리고 시대가 변해 가면서 글뿐만 아니라 삽화도 넣기 시작했지. 나중에는 파라오뿐만 아니라 귀족이나 관리, 부자들도 관에 이러한 내용을 새겨 넣기도 했다고 해.

네가 책에 대해 조금 관심을 가지게 된 건지 책장이 조금 수월하게 넘어가는 것 같다. 책장 넘어가는 게 삐걱대면 책등이 뻐근해지면서 아프다고! 뭐? 너도 나랑 붙어 있어 손목이 아프다고? 지금 몇 분이나 날 들고 있었다고 엄살이야!

 이제부터는 책이 어떤 모습으로 발달했는지 이야기할게. 새로운 기술이 하나둘 생겨나면서 책은 더 다양한 형태로 탄생했어. 그 과정을 알면 오늘날 책의 모습을 좀 더 잘 이해할 수 있을 거야.

고맙다, 코덱스!

초기의 책은 파피루스나 양피지, 종이를 길게 이어서 만든 두루마리 형태였다고 했지? 이 두루마리 형태의 책은 결정적인 단점이 있었어. 글이 길어지기 시작하면 두루마리의 두께가 대책 없이 두꺼워지고, 그 두꺼운 두루마리를 펼쳐 놓고 글을 읽으려면 넓은 장소와 대단한 인내심이 필요했어. 왜냐하면 앞에서 읽었던 내용을 다시 읽으려면 다 읽고 말아 둔 반대쪽 두루마리를 또 풀어야 했거든. 긴 글을 읽는 건 두루마리와의 싸움이었어. 두루마리 길이가 10미터가 넘는 것도 있었다는데 정말 전쟁 같은 책 읽기였겠다, 그렇지?

두루마리야 둘둘 말기만 하면 되는 거 아니냐고 묻는 친구도 있던데, 생각보다 쉽지 않았다고 해. 종이 끝부터 그냥 말기엔 자꾸 풀어지고 모양도 안 잡히니까 두루마리 양쪽 끝에 나무나 청동 막대 같은 걸 끼워 놓았지. 그렇다 보니 무게가 또 만만치 않더래. 짧은 문서야 지지대를 잡고 쫙 펼쳐서 읽으면 그만이었지만, 긴 문서는 한쪽에서 풀고 또 한쪽은 둘둘 말고 두 사람이 한 조가 되어야 그나마 수월하게 읽었을 것 같지 않아?

둘둘둘

그 내용이 어디 있더라?

두루마리 형태로 책을 계속 만드는 건 경제적이지 못했어. 둘둘 말아져 있는 수많은 문서를 마구 쌓아 두었다가 다시 찾아 읽어야 할 일이 생기면 정말 곤란했어. 두루마리가 다 비슷하게 생겼으니까 며칠 전에 읽었던 두루마리를 찾으려면 쌓아 놓은 문서를 다시 읽어 가며 찾아야 했거든. 그래서 임시방편으로 꼬리표를 달아 두기도 했는데, 두루마리를 많이 쌓아 두다 보면 꼬리표끼리 얽히고 끊어지기도 하고 여간 성가신 게 아니었어. 그러던 중 고대 로마에서 '코덱스(codex)'를 발명하면서 오늘날의 책과 비슷한 형태를 갖추었어.

코덱스 방식으로 책을 만드는 과정을 예로 들어 볼게. 양피지를 직사각형으로 잘라 만들고 가운데를 접어 양면으로 총 4쪽의 페이지를 만들어(같은 방식으로 접어 한 장에 8쪽, 16쪽, 32쪽까지 만들 수 있다). 네 장의 양피지를 같은 방식으로 만들면 양면으로 총 16쪽의 페이지가 생겨. 이게 한 세트야. 이렇게 여러 장을 겹쳐서 접힌 부분을 실이나 가죽, 혹은 양피지 끈으로 꿰매어 묶고 나무로 된 책 표지를 아교로 붙인 다음에 가죽으로 덮어. 그 위에 장식을 하기도 하고 자물쇠를 달기도 했지.

코덱스의 발명은 정말 책의 발전에 있어 혁명이라고 보아도 돼. 만드

는 과정에서 두루마리와 가장 큰 차이점이 뭔지 눈치챘어? 바로 양면을 사용한다는 점이지! 두루마리 형태는 한 면에 글을 쓰는 과정이 끝나면 바로 종이를 이어 붙여 쓰다 보니 종이를 많이 사용할 수밖에 없었지. 하지만 코덱스는 어때? 양면으로 사용할 수 있으니 두루마리보다 4분의 1은 종이를 절약할 수 있잖아. 종이는 곧 돈인데 이건 어마어마하게 경제적인 일이었지.

양피지로 우리가 사용하는 공책 크기의 책을 만들기 위해서 송아지가 얼마나 필요했는지 알면 얼마나 큰일인지 알 수 있을 거야. 송아지 한 마리로 양면 양피지 두 장을 겨우 만들었는데, 두 장이면 8페이지를 만들 수 있는 분량이잖아. 그럼 책 한 권을 만들려면 송아지가 얼마나 많이 필요했겠어? 못해도 수십 마리가 필요했겠지. 당시 책이 얼마나 값비싼 물건이었는지 알겠지?

코덱스 형식의 책은 돈만 절약할 수 있는 게 아니었어. 시간도 절약해 주었어. 책을 중간부터 읽고 싶으면 두루마리처럼 펼쳐서 처음부터 다시 읽는 게 아니라, 책장을 넘겨 해당 페이지를 찾으면 되었지. 지금은 책장을 넘기며 책을 보는 일이 너무나 당연하지만 그 당시에는 참 새로운 방식이었어. 이때부터 쪽수도 매기고, 책 끝에 '찾아보기'도 넣어 더욱 편리하게 책을 읽을 수 있게 되었지.

그리고 코덱스 방식으로 만들면 자연스럽게 책 표지와 책등이 생기잖아. 책에 표지가 생기니 책을 보호할 수도 있고 예쁘게 꾸밀 수도 있었어. 책등에 제목을 써 넣어 가지런히 책장에 꽂아 놓으면 어떤 책이 어디에 있는지 제목만 보고 쉽게 찾을 수 있었지. 두루마리 산을 헤집고 다니던 일에서 해방되는 순간이었어.

사실 코덱스 방식으로 책을 만드는 작업이 간단하지는 않았어. 양피지를 반으로 접어 페이지를 써 둔 상태로 순서를 고려해서 글을 써야 했거든. 순서와 흐름을 고려해서 단 한 번에 써 내려가는 건 오늘날의

기술로 해도 쉽지 않지. 지금은 컴퓨터가 알아서 순서대로 페이지를 구성하고 접지(종이를 앞뒤로 접음) 방식에 맞춰서 큰 종이에 자동으로 자리를 잡아 주잖아. 이걸 사람의 머릿속에서 모두 계산한 뒤, 페이지 순서에 맞춰 필사를 시작하려면 복잡한 계산이 필요했지만 코덱스의 편리함은 그 모든 걸 극복할 만했어.

죽간에서 선장까지

중국과 우리나라 등 동아시아 쪽에서는 두루마리 다음에 어떤 제본 방식을 썼을까? 중국에서는 종이가 발견된 다음에도 마찬가지로 두루마리 형태로 기록물을 보관했어. 두루마리 한쪽 끝에 축을 달고 다른 한 쪽엔 끈을 달아 놓아 착 말아서 끈으로 묶어 두었지. 이런 책을 권자본이라고 했어. 우리가 지금도 책을 셀 때 '한 권, 두 권' 이렇게 세지? 이건 권자본에서 나온 말이야.

그 뒤로는 선풍장 제본 형태를 많이 사용했어. 선풍장은 병풍처럼 접는 방식이야. 둘둘 말아 둔 것보다 보관하거나 펼치기 쉬웠지. 하지만 책의 중간 부분을 보고 싶을 때 처음부터 모두 펼쳐 보아야 하는 건 두루마리 형태랑 같아서 불편했어.

그래서 만들어진 게 선장 제본이야. 선장 제본은 조선 시대에 와서 주로 사용했어. 적당한 크기의 종이에 글을 쓰고 나서, 글을 쓴 종이를 겹쳐 놓고 한쪽에 구멍을 뚫어 실로 엮었어. 책장을 한 장 한 장 넘기며 보는 방식이었지. 책등이 있는 오늘날 책은 개화기 이후에 서양 책들을 접하면서 나타나기 시작했어.

필사에서 벗어나게 해 준 마술

책을 만들 때 필사, 사람의 손으로 모두 베껴서 썼다는 이야기를 했지? 책이 많은 사람의 손에 쥐어지지 않는 이유 중 하나는 많이 만들어 낼 수가 없었기 때문이야. 비용도 비용이지만 필사를 해야 만들 수 있었기 때문에 한 권을 만드는 데 시간이 너무 오래 걸렸어.

지금부터 상상해 봐. 책 한 권을 갖고 싶은데 네가 하나하나 손으로 옮겨 써서 만들어야 해. 벌써 손가락이 저리고 손목이 시큰거린다고? 맞아. 당시 사람들에게도 책을 만드는 과정은 무척 고된 일이었어. 종이를 구하기도 쉽지 않은데 재료를 모두 갖추어도 만들

기 너무 힘들어서 책이 귀할 수밖에 없었지.

베껴 쓰다 보면 또 어떤 문제점이 생길까? 사람은 기계가 아니니 당연히 실수가 나오겠지?(심지어 기계도 실수를 할 때가 있는데 말이야.) 책에 오탈자(잘못 쓴 글자와 빠진 글자)가 많아져도, 원본대로 쓰지 않고 살짝 내용을 바꾸어도 모를 일이었어. 잘못된 필사본을 읽는 사람은 원본과 다른 정보를 알게 되는 불상사가 벌어지는 거지.

이런 문제가 발생하니 사람들은 원본과 똑같은 책을 만들 방법을 연구했어. 직접 베껴 쓰는 것보다 시간도 절약하고 싶었지. 그래서 인쇄술이 발달하게 되었어. 인쇄술은 필사의 고통에서 벗어나게 해 준 기술이자, 책이 대량으로 만들어져 대중에게 퍼질 수 있게 해 준 기술이기도 해. 책의 발달에 큰 기여를 한 셈이야. 원본과 똑같은 책 여러 권을 뚝딱 만들 수 있는 인쇄기는 당시 사람들에겐 마술과 같았어.

불교 경전을 더 정확하고 빠르게, 목판 인쇄

특히 우리나라에서는 불교 경전을 만들 때 인쇄술이 절실했어. 불교가 처음 우리나라에 들어왔을 때, 사람들한테 불교는 생소한 종교였어. 경전을 여러 권 만들어야 부처님 말씀을 빨리 전파할 수 있을 텐데 쉽지 않았지. 게다가 쓰다 틀리면 안 되니까, 필사 시절엔 받아 적는 사람, 교정보는 사람 등 여러 사람이 여러 번 확인을 거쳐서 정확도를 높이고 싶어 했어. 하지만 이렇게 해서는 영 속도가 붙지 않았지. 정확도도 보장할 수 없었고.

그 무렵 목판 인쇄술이 등장했어. 목판 인쇄는 나무판에 원본의 글을 새겨서 먹을 묻혀 종이에 찍어 내는 방식이야. 한 번만 목판에 정확하게 새겨 두면 두세 번째는 간단하게 먹만 발라서 찍어 내면 됐으니 사람의 손으로 계속 써 내려가는 것보다 시간도 절약되었어. 경전을 만들기에 아주 탁월한 방법이었지.

그러면 이 이후에 모든 책을 목판 인쇄로 만들었냐고? 그럴 수는 없었어. 왜냐하면 목판 인쇄는 한 판에 책 한 장의 내용을 모두 새겨 넣어 찍어 내는 방식인데, 그러면 책마다 목판을 다 새로 만들어야 한다는 말이잖아. 목판을 만드는 과정은 복잡하고 비용도 많이 들었으니까 책마다 모두 목판을 만드는 건 불가능했어. 그러니 경전처럼 같은 책을 여러 권 만들 때만 목판을 이용했지. 그 외에는 계속 필사를 해서 책을 만들었어.

게다가 목판은 보관하기 어렵다는 단점이 있었어. 나무로 만든 인쇄판을 상하지 않게 보관하려면 상당한 노력이 필요했어. 우선 나무는 벌레나

습기에 가장 약해. 습도나 온도가 맞지 않으면 나무가 틀어지거나 갈라지는 문제가 생겨. 그러다 보면 벌레도 꼬여 목판이 상했지.

그래서 목판을 찍은 다음에는 먹의 물기가 남지 않게 깨끗하게 씻어서 말려야 했고, 나무 상자에 넣거나 바람이 잘 통하는 누각에 보관해야 했어. 나무는 불에도 약하니 자연재해나 전쟁으로 인해 불에 타 파손이 될 위험에 처하면 지키기 여간 힘든 게 아니었어.

만드는 과정이 단순했으면 보관하는 데 이렇게 애쓰지도 않았을 거야. 목판은 나무 한 그루 뚝딱 잘라 만드는 게 아니었다고 해. 적당히 단단하고 품질이 좋은 나무를 골라 알맞은 크기로 자르고 나서, 짠물에 담가 두어 삭힌 뒤에 잘 건조해야 했지. 판면을 사포로 문질러 매끈하게 만들고 나면 그제야 목판이 될 자격을 얻어.

그다음 한 글자 한 글자 망치와 창칼을 이용해서 정성스럽게 새겨 넣었어. 이 과정에서 틀리기라도 하면 목판을 처음부터 다시 만들어야 했기 때문에 글자를 새겨 넣는 장인이 따로 있을 정도로 전문성이 필요한 작업이었어. 재료로 쓸 나무가 자라는 데도 시간이 오래 걸리는데 어렵게 만든 나무판을 망쳐 버리면 정말 머리를 다 쥐어뜯고 싶을 만큼 절망적이었을 거야. 이렇게 어려운 과정을 거쳐 만들어 놓은 목판을 잃지 않으려면 관리하는 장소와 담당하는 전문가를 따로 두어야 했어.

세계에서 가장 오래된 목판 인쇄물 〈무구정광대다라니경〉

〈무구정광대다라니경〉은 751년경에 신라에서 발행된 불경이야. 1966년에 도굴꾼들이 경주 불국사에 있는 석가탑을 훼손하는 사건이 있었어. 그때 석가탑을 되돌리는 과정에서 〈무구정광대다라니경〉이 발견되었지. 석가탑이 만들어진 연도 등을 고려했을 때 〈무구정광대다라니경〉은 세계에서 가장 오래된 목판 인쇄물로 인정받고 있어. 특히 우리나라에서 만든 품질 좋은 닥종이 위에 인쇄가 되어 있어서 오늘날까지도 선명하게 글자가 남아 있어 그 가치가 더욱 높다고 해.

무구정광대다라니경 ⓒ 문화재청

더 단단하고 실용적인 금속 활자!

목판 인쇄는 만들고 보관하는 데에 불편함이 있었지만 필사할 생각을 하면 차라리 목판을 만드는 편이 더 나았어. 그래서 사람들은 생각했지. 인쇄를 하는 게 손으로 쓰는 것보다 나은데, 어떻게 하면 더 편리한 방법으로 인쇄를 할 수 있을까 하고 말이야.

그래서 탄생한 게 '금속 활자'야. 금속 활자는 말 그대로 금속으로 된 낱개의 활자를 말해. 금속 윗면에 글자가 볼록하게 튀어나오도록 새겨 넣은 활자를 활자판에 배열해서 인쇄하는 방식이지.

금속으로 만든 건 나무의 단점을 보완하기 위해서인 건 알겠는데, 왜 한 글자씩 만들었을까? 그건 경전 외에 문서를 만들 때 사용하기 위해서였어. 예를 들어 국가 문서는 문서마다 내용이 모두 달랐는데, 그때마다 목판을 만드는 건 정말 비효율적이었어. 그래서 한 글자씩 활자를 만들어서 그때그때 필요한 글자를 조합하면 다양한 인쇄판을 만들 수 있었고, 새 문서를 인쇄하는 데에 문제가 없었지. 당시로서는 정말 획기적인 방법이었어. 금속 활자는 고려 시대에 등장했어. 세계 최초였지. 그럼 고려에서는 왜 금속 활자를 만들었을까?

고려는 거란이나 몽골 등 주변 나라의 침략을 여러 번 받았어. 고려는 국교가 불교여서 불경을

2. 새로운 기술로 변신을 거듭한 책! 49

만드는 목판을 아주 중요하게 여겼는데 툭하면 전쟁이 일어나 책과 목판이 불에 타 없어지곤 했어. 이런 문제점을 보완하기 위해서 금속 활자를 만들었지.

금속 활자로 찍어 낸 책 중에서 현존하는 가장 오래된 책은 『직지심체요절』이야. 1377년 청주 흥덕사에서 인쇄하여 발행된 불경 책이야. 지금까지 전해지는 금속 활자 인쇄본으로는 세계 최초이자 최고로 인정받아 유네스코 세계 기록 유산으로 지정되었어. 서양의 구텐베르크 금속 활자로 찍은 『42행 성서』보다 78년이나 앞섰다고 해. 아쉽게도 『직지심체요절』은 우리나라에 있지 않고 프랑스 파리 국립 도서관에 보관되어 있어. 어서 우리나라 박물관으로 돌아와 본격적인 연구가 이루어지면 좋겠는데 말이야.

금속 활자 만들기
1 밀납자 새기기
2 주형틀 만들기
3 쇳물 붓기
4 활자 떼기
月
火
水
金
木
土
日
川
5 조판하기
6 인쇄하기

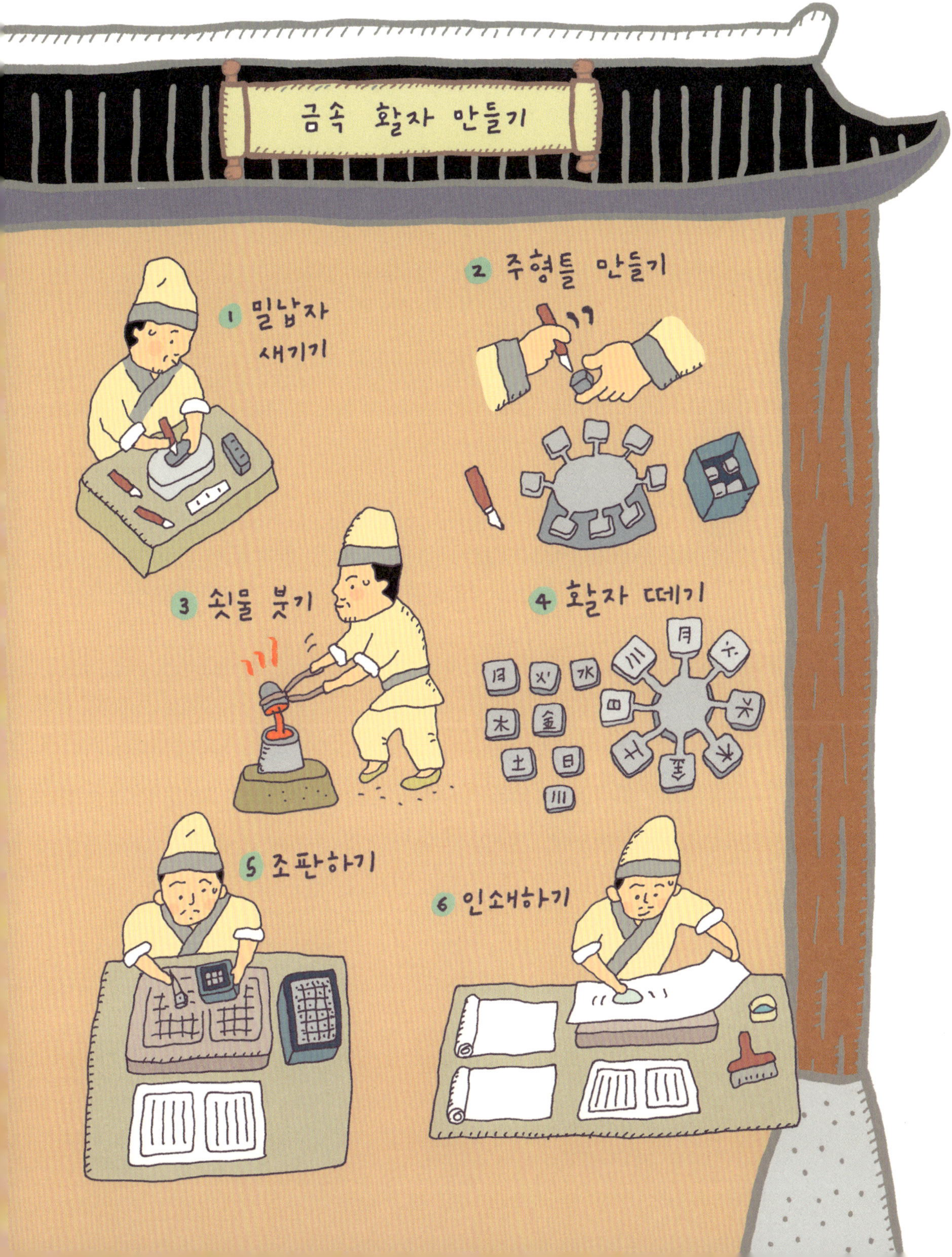

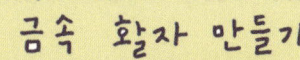

백성에게는 멀기만 한 책

획기적인 인쇄술이 발명되었으니 이제 책이 마구 쏟아져 나왔을까? 아쉽게도 일반 백성들에게 책은 가까이 하기엔 너무 멀리 있었어. 인쇄술이 발명되어 책을 수월하게 찍어 낼 수 있게 되었다고는 해도, 모든 사람들이 글을 익혀 책을 읽을 수 있게 된 건 아니었거든. 고려 시대 이후 조선 시대에도 엄격한 신분 차이가 존재하던 시대였기 때문에 더욱 그랬어. 책은 신분이 높고 글을 배운 사람들에게만 주어진 특별한 물건이었지.

우리나라는 금속 활자 인쇄술이 유럽보다 100년이나 앞서서 발명되었지만 인쇄술 발전 과정은 그보다 느렸어. 책이 여러 사람에게 보급되기 시작한 건 유럽보다 한참이나 뒤쳐져 있었거든. 그 이유가 바로 여기에 있을 거야.

책을 만드는 기술이 발전하고 더 많은 사람들이 책을 읽게 된다는 건 사람들의 생각이 자라난다는 말과 같아. 역사를 보면, 책을 통해 새로운 지식인들이 늘어나면 신분 제도에 얽매여 있던 기존의 정치 방식을 바꾸는 사건들이 뒤따라왔어. 그래서 권력을 가지고 있던 사람들은 백성들이 책을 읽는 걸 두려워했겠지. 계속해서 자기들만 나라를 이끌어

가는 힘을 갖기 위해서 말이야.

우리나라는 책을 만들거나 인쇄하는 걸 국가가 통제하던 시기가 길었어. 책이 퍼져 나가는 걸 막았기 때문에 인쇄술도 당연히 발전 속도가 느릴 수밖에 없었지. 지식을 한정된 사람들끼리만 나누니까 사회가 변화하는 속도도 더뎠던 건 아닌지 생각하게 돼. 글을 읽고 책을 접할 수 있는 계층이 넓어지면서 서서히 신분 제도나 새로운 사상에 대한 인식이 달라졌으니 말이야.

이런 게 책의 힘이 아닐까. 책을 읽는 일은 단순히 재미를 느끼거나 지식을 알게 되는 일에만 그치는 건 아닌 것 같아. 책을 통해 사람의 생각이 확장되면 그 속에서 새로운 생각이 탄생하고, 그 생각을 또 책에 담아 여러 사람에게 알리면 서로 힘을 합쳐 세상을 바꾸기도 하잖아. 유럽의 역사를 살펴보면 더욱 그런 생각을 하게 될 거야.

책이 마구 늘어나던 시기에 등장한 유럽의 인쇄술

13세기부터 유럽은 사회적으로 큰 변화가 생기기 시작했어. 이전까지는 수도원이 교육 기관이자 종교 기관이어서 책을 필사하고 만드는 것도 교회를 중심으로 이루어졌어. 당연히 교회를 중심으로 사회가 돌아갔지. 하지만 이때부터 주요 도시에 대학이 생겨나기 시작하면서 교육의 중심축이 움직이기 시작했어.

도시에 대학이 생겨나니 지식인들이 늘어났고 자연스럽게 책을 필요로 하는 사람들도 늘어났지. 수도원에서 필사를 해서 수도사들만 돌려보며 공부하던 시절과는 완전 달라진 거야.

여기저기서 책을 구하는 사람들 목소리가 급속도로 늘어나니까 수도원에서만 필사를 해서는 감당할 수가 없었어. 그래서 주변 도시 공방에

필사를 의뢰하기 시작했어. 하지만 여전히 책은 부족했어. 하긴, 사람의 손으로 아무리 빨리 쓴다고 해도 한계가 있었겠지.

게다가 공방에서는 책을 싸게 많이 팔았으니까 필사를 하는 사람에게 돈을 많이 주지도 않았을 것 같아. 그러니 더 빠르고 정확하게 책을 만드는 건 그저 공방 주인의 욕심이었을지도 몰라. 돈은 적게 주면서 빠르게 만들라고 다그쳤으니 정확도가 떨어지는 건 예삿일이었어. 책이 필요하다는 아우성은 계속되는 상황이라 새로운 기술이 절실했어.

그때 독일 출신 구텐베르크라는 사람이 유럽의 책 역사를 바꾸어. 금속 활자를 이용하여 인쇄를 하기 시작한 거야. 방식은 우리나라 금속 활자와 비슷해. 나무 인쇄판에 금속 활자를 심어 인쇄를 했지. 차이점은 인쇄기를 이용하였다는 점이야. 구텐베르크는 활자를 조합한 인쇄판을 인쇄기에 넣고 세게 눌러서 종이를 찍어 냈어.

당시 유럽에서 사용한 종이는 나무뿐만 아니라 천 등으로 만들어서 두껍고 거칠었어. 우리나라 한지는 매끈하면서도 적당히 질겼기 때문에 사람의 손으로 눌러서 인쇄를 해도 쉽게 찢어지거나 먹이 스며들지 않는 일이 거의 없었어. 하지만 유럽의 종이는 얼마나 거칠었는지 사람이 누르는 어지간한 힘으로는 고르게 인쇄되기 힘들었지.

그래서 포도주나 올리브유를 만들 때 쓰는 압착기를 이용해서 인쇄를 했다고 해. 당시 유럽에서 압착기는 흔하게 볼 수 있는 기계였어. 구텐베르크는 생활 속에서 자주 사용하는 물건을 보고 새로운 발상을 하여 인쇄기를 만들어 낸 거지.

처음 찍어 낸 책은 『42행 성서』야. 이 성서는 양피지에 인쇄한 것과 종이에 인쇄한 것 두 가지로 제작되었어. 『42행 성서』를 보면 구텐베르크가 단지 빠르고 정확한 인쇄물을 만들기 위해서 활판 인쇄를 한 건 아니라는 걸 알 수 있어. 활자의 배열, 행간, 잉크의 농도 등을 고려하고 레이아웃(책이나 신문, 잡지에서 글이나 그림 등을 효과적으로 배치하는 일) 디자인을 고민한 흔적을 확인할 수 있지. 지금도 이 책은 문자의 모양이나 책 디자인이 예술적이라는 평가를 받고 있어.

구텐베르크가 인쇄술을 사용해 책을 만들기 시작한 일은 당시로서는 혁명이나 다름없었어. 활

판 인쇄 이전에는 두 달 동안 겨우 책 한 권을 필사할 수 있었지만 인쇄술이 활발해지면서는 일주일에 책 500권을 거뜬히 인쇄할 수 있었으니까 말이야. 필사로는 따라갈 수 없는 속도였어.

이제 책은 더 이상 사치품이 아니었어. 책을 통해서 사람들은 지식과 정보를 활발하게 교류하기 시작했어. 대학이라는 지식 교류의 장소까지 있었으니 그야말로 찰떡궁합이었지. 대학이 늘어나면서 찍어 내는 책의 종류도 늘어났어. 수도원에서 성서만 주로 필사하던 것과는 다르게 대학에서는 의학, 법학, 문학, 각종 대학 교재 등 다양한 책을 필요로 했지. 당연히 독자층도 다양해졌어. 이런 흐름은 인쇄술 발전에 가속도를 붙였어.

세상을 바꾼 인쇄술

구텐베르크의 인쇄술이 역사에 얼마나 큰 영향을 주었는지 말해 주는 대표적인 사건이 하나 있어. 바로 종교 개혁이야. 당시 가톨릭교회는 권력을 독차지하면서 점점 부패해지고 있었어. 성직자가 교회 돈을 개인적으로 사용하기 시작하고, 대규모 성당을 건축하면서 교회에는 늘 돈이 부족했어.

교회에서는 돈을 모으기 위해 '면죄부'라는 걸 팔기 시작했어. 죄를 지은 사람이 교회에 기부금을 내고 면죄부 종이를 사면 죄를 용서받을 수 있다는 거야. 사람들은 교회의 새로운 제안에 솔깃했어. 특히 잘못된 방법으로 권력을 유지하고 싶어 하는 부자들이 앞다퉈 면죄부를 사

들였지.

　이 면죄부를 배포하는 데 큰 역할을 한 건 바로 인쇄술이었어. 면죄부로 돈을 버는 재미에 들린 교회에서 나중에는 면죄부를 마구 남발했어. 아주 사소한 잘못부터 무거운 죄까지 사람들은 온갖 면죄부를 사들이고 싶어 했고, 교회는 갖가지 이름을 붙여 면죄부를 만들어 팔았거든. 더 많은 양의 면죄부를 빠르게 만들어야 하는 상황에서 인쇄술이 그 역할을 톡톡히 한 거지.

　그러다 마르틴 루터라는 사람이 교회의 부패를 정면으로 반박하고 면죄부를 파는 행동을 비판하기 시작해. 종교 개혁의 시작이야. 루터는 교회가 잘못한 점을 조목조목 짚으며 아예 종교가 곧 법인 지금의 상황을 뒤집어야 한다고 주장했어. 당시 사람들에게는 굉장히 충격을 주는 주장이었어. 그래서 많은 사람들에게 알리고 설득하는 일이 매우 중요했지. 그래서 루터는 〈95개조 반박문〉이라는 글을 대량 인쇄하여 배포하였다고 해.

　루터를 시작으로 퍼진 종교 개혁은 유럽 사회에 큰 파장을 일으켰어. 모든 학문과 규범이 교회를 중심으로 이루어지다가 이제는 사람을 중심으로 이루어지게 된 거야. 유럽의 과학과 철학의 발전이 한 단계 더 나아가는 계기가 되었지.

컴퓨터로 자동화된 인쇄 기계

그 이후로도 인쇄기는 거듭된 발전을 거쳐 오늘날에 이르게 되었어. 지금은 컴퓨터를 이용하기 때문에 작업 대부분이 자동으로 이루어져. 오늘날 책이 인쇄되는 과정을 간략하게 소개해 볼게.

출판사에서 만든 책의 완성된 데이터를 인쇄소로 보내면, 인쇄소에서는 인쇄기에 데이터 값을 입력해. 그러면 인쇄기는 컴퓨터로 입력한 데이터 값을 읽어 색을 표현하며 인쇄를 해.

인쇄 기계는 네 대의 커다란 기계가 연속으로 배치되어 있는데, 이건 기계 하나당 하나의 색을 담당해서 인쇄하는 거야. 컴퓨터로 작업을 할 때에도 CMYK(파란색, 빨간색, 노란색, 검은색)로 색을 표현해서 인쇄 기계에 적용될 수 있게 하지. 네 대의 기계에 각각의 잉크를 넣고 기계를 돌리면 그 색이 들어간 자리에 컴퓨터로 입력한 수치만큼 색이 인쇄되는 거야.

구텐베르크가 인쇄하던 시절에는 조판부터 인쇄기를 누르는 작업까지 모두 사람의 손으로 했다면 지금은 그 과정을 컴퓨터와 기계가 하고 있는 거야. 구텐베르크가 활판 인쇄기를 발견하여 인쇄술을 널리 보급하던 시절만큼이나 획기적인 발전을 이룬 거지. 지금은 인쇄소에서 책

1000부를 하루 만에 인쇄하는 건 일도 아니라고 하니, 고대에 필사를 하던 필사가가 이 이야기를 들으면 눈이 휘둥그레지겠지?

기술이 발전하면서 책의 형태도 바뀌고,
사람의 생각도 바뀌고, 역사도 바뀐 거네.
너도 무언가를 바꿀 힘이 있어? 너도 책이잖아.

그래 나도 그 옛날 정성에 정성을 더해 만들어진 책이야.
거기에 마법까지 깃들어 있지. 너처럼 책을 싫어하는
녀석에게 붙들려 내 역사를 줄줄 쏟아 내는 역할을 하게
될 줄 몰랐지만 말이야.

지금까지 이 내용들을 다 읽어 준 사람이 누구냐?
나야말로 네가 지니고 있는 이야기를 하나도 놓치지 않고
들어 줄 사람이라는 생각은 안 들어? 옛날에는 사람의 손으로
쓰고 그리고 책을 엮고 꾸미기까지 했다는 이야기가 귀에
쏙 들어왔어. 나는 책은 싫어하지만, 손으로 뭘 만드는 건
잘하니까 전생에 책을 만드는 사람들 중 하나였을지도 몰라.

그래? 옛날엔 책을 만들려면 특별한 손재주를
필요로 하는 경우가 많았어. 이제부터 책을 만드는 사람들
이야기를 풀어낼 차례인가 보군.

특명, 목판을 훼손 없이 보관하라!

"사람이 쓴 글이 아니라 신이 내려 쓴 글이다."

누가 한 말이냐고? 조선 시대 명필가 한석봉이 '고려 대장경'에 새겨진 글자를 보고 한 말이야. 대장경의 목판에 새겨진 글자 하나하나가 매우 아름다워 한석봉도 한눈에 반했다고 해. 8만 장이 넘는 목판의 글씨체는 한 사람이 쓴 것처럼 일정하고 단정해. 게다가 오탈자가 거의 없는 정확함에 모두 놀라워하지.

하지만 그중에서도 가장 놀라운 건 목판의 보관 기술이야. 팔만 개의 목판을 지금까지 지킬 수 있었던 것은 조선 시대에 만든 장경판전이라는 건물 덕분이야.

조선 시대에 합천 해인사에 장경판전이라는 건축물을 세웠어. 장경판전은 고려 시대에 만들어진 '팔만대장경'만을 보관하기 위해서 만든 건물이야. 이 건물 안에 숨어 있는 과학적 장치가 팔만 장의 목판을 온전하게 보관할 수 있게 해 주었어.

우선 장경판전이 세워진 장소가 탁월해. 장경판전은 해인사 경내에서도 가장 높은 곳에 서남향을 향해 지어졌어. 이유는 사계절 모두 햇빛이 잘 들어올 수 있는 위치이기 때문이지. 햇빛이 잘 들면 나무가 눅눅해지는 일이 없고 이끼나 곰팡이가 생기지 않아. 곤충의 번식도 막을 수 있지.

장경판전은 일반 건물과는 다른 방식으로 창을 내서 통풍이 원활하게 했어. 창문에 나무 창살을 달고, 위쪽 창문과 아래쪽 창문의 크기를 다르게 해서 공기가 천천히 순환할 수 있도록 했어. 이렇게 하면 바깥 날씨의 영향을 덜 받는다고 해.

간격을 충분히 두고 놓인 5단 선반에 대장경판을 두 줄로 끼워 놓았는데, 경판 위로 약간의 공간이 있어 공기가 그 사이를 지나갈 수 있게 하였지. 판에 손잡이 구실을 하는 마구리에도 두꺼운 나무를 덧끼워서 경판을 빼곡하게 꽂아도 경판 사이에 공기가 통할 수 있었어.

이걸 사람이 썼다고?

아름답다, 아름다워!

이것만으로는 온습도를 잡을 수 없었어. 우리나라는 사계절이 다르고 날씨가 변화무쌍하기 때문에 일정한 온습도를 유지하기 어려웠어. 그래서 장경판전 바닥을 만들 때 숯과 소금, 횟가루를 모래와 찰흙에 섞어 바닥을 다졌어. 이렇게 하면 비가 오는 날에는 습기를 흡수하고 건조한 날에는 습기를 내뿜어 습도를 일정하게 유지해 주지. 지금은 그 어떤 기술로도 흉내 내기 어려운 장치라고 해. 자연 환경을 고려한 과학 기술을 세심하게 접목시켜 마법에 가까운 장치

를 할 수 있던 거지.

　이러한 여러 장치 때문에 장경판전 내부의 온도는 외부에 비해 항상 0.5~2도 정도 낮게 유지되고, 습도 역시 외부에 비해 5~10퍼센트 정도 낮은 상태를 유지할 수 있었어. 어때? 하나하나 알고 보니, 참 놀랍지 않아? 장경판전은 조상들의 과학 지식이 총동원된 매우 가치 있는 유산이야.

장경판전은 공기 흐름과 지하 구조, 인공 설비 없이도 바람이 잘 통하고 습도 조절이 자동으로 된답니다.

조상님의 지혜가 놀라워요!

소금　숯　모래, 횟가루, 찰흙

　예나 지금이나 책은 여러 사람의 손을 거쳐야 만들 수 있어. 내 자태를 봐. 예사롭지 않지? 나 역시 꾸미고 가꿔 준 사람들의 정성스러운 손길 끝에 탄생한 몸이라고. 그 옛날 어느 인쇄업자가 제본을 하고, 장인이 겉표지에 장식을 넣어 주었을 거야. 아, 어쩌면 이 글도 필경사가 미리 적어 놓은 것이 마법을 통해 나타나는 걸지도 몰라. 이게 다 무슨 말이냐고? 지금부터 책과 관련된 사람들에 대해 알려 줄게. 네 손재주는 어디에 쓰이면 좋을지 잘 생각해 보거라. 큼큼.

필사는 전문직!

인쇄술이 발달하기 전에는 책을 만들 때 필사를 했다고 했지? 우리나라에서 필사를 본격적으로 시작한 건 불교가 들어온 삼국 시대부터야. 이때 필사를 한 이유가 경전을 만들기 위해서니까 스님들이 이 일을 맡아서 했어. 모든 스님들이 이 일을 할 수는 없었고, 필사만 전문으로 하는 스님이 있었어.

불교 경전을 베껴 쓰는 일을 '사경'이라고 불러서, 사경을 담당하는 스님을 '사경승'이라고 했어. 사경승에게 경전 필사는 수련 중 하나였어. 그래서 정성을 기울이고 정확하게 필사하기 위해서 여러 명이 검증을 했다고 해. 불교를 국교로 삼은 고려 시대에는 국가에서 '사경원'을 따로 운영할 정도였어. 사경을 하는 관청이 생긴 거야. 이렇게 국가가 경전을 관리하다 보니 좀 더 정확하게 경전을 만들고자 노력했고, 그걸 토대로 인쇄술까지 발전할 수 있게 된 걸 거야.

인쇄술이 발달한 뒤에는 필사하는 사람이 줄었냐고? 그렇지 않았어. 인쇄하는 책 따로 있고, 필사하는 책이 따로 있었어. 게다가 조선 시대까지 인쇄술은 국가에서 독점하는 기술이었어. 양반들도 갖고 싶은 책이 있으면 빌려서 필사를 했지.

조선 시대에는 필사하는 관직이 있었어. '사자관'이라는 관직이었어. 사자관은 문서를 작성하는 사람이었으니 글씨를 잘 쓰는 것도 조건 중 하나였어. 명필가로 유명한 한석봉도 사자관이었단다. 하지만 필사를 하는 사람은 글씨만 잘 써서는 안 되었어. 책의 내용을 이해할 학문 소양이 있어야 했고, 매우 꼼꼼한 성격이어야 했어. 글자를 잘못 써서 내용이 틀리면 안 되니까.

유럽에서도 필사를 하는 직업은 매우 유능한 전문직이었어. 고대 이집트에는 필경사라는 직업이 있었는데, 파피루스에 역사와 지식, 문학, 행정 기록 등 다양한 기록을 맡았어. 당시 이집트에서 사용한 상형 문자는 그림이 애매하고 복잡해서 정확하게 그려 넣기가 무척 어려웠대. 그래서 필경사를 가르치는 전문학교를 다녀 상형 문자를 익히고 역사와 문화 등 다양한 분야를 공부해야 필경사를 할 수 있었어.

그렇다 보니 고대 이집트 필경사는 전문직 대우를 받아서 돈도 잘 벌고 존경받는 직업이었다고 해. 유명한 문학 작품을 필사하게 되는 경우에는 명예롭게 생각했다고 하니 직업에 대한 자부심도 높았나 봐.

고대 로마 시대에는 책을 주로 도서관에서 관리했기 때문에 도서관 최고 직원인 사서를 중심으로 그 밑에서 필경사들이 일했어. 필경사들은 공부하는 언어에 따라 부서를 나누었는데, 그리스어 부서 혹은 라틴어 부서로 나누어 배치했대. 독특한 점은 '도서관 담당 의사'가 있었다는 거야. 도서관 직원들의 건강을 담당하는 의사를 따로 배치한 거지. 로마 시대 황제가 도서관과 필경사, 사서들을 얼마나 중요하게 생각했는지 알 수 있는 대목이야.

중세 시대로 오면 책은 주로 수도원에서 만들게 돼. 당연히 필사는 수도사들이 맡아서 했지. 우리나라에서 경전을 스님들이 만들었던 것처럼 수도사들이 성서를 필사했던 거야. 고대에는 철학자들의 지혜와 지식을 적고 역사를 기록하는 일이 주 업무였다면, 중세 시대로 와서는 종교를 전파하는 임무가 먼저였던 거야. 간혹 성서 외에 그리스·로마의 고전이나 라틴어로 된 책도 필사해서 보관했다고 해.

수도원 안에는 '스크립토리움'이라는 책 공방이 있었어. 필사하는 수도사는 스크립토리움 안에 들어가서 필사를 했어. 공방까지 있었던 이유는 단순히 옮겨 쓰는 일에만 집중하지 않았기 때문이야. 공방에서 만드는 물건답게 디자인에도 상당히 신경을 썼지.

필사를 하는 수도사는 여분과 행수, 장식 문자와 그림 자리까지 모두 고려해서 필사를 했다고 해. 이 과정은 지금의 편집 및 북디자인 과정과 매우 흡사하다고 할 수 있어. 이 모든 걸 머리로 계산하고 손을 바쁘게 움직여 필사를 해야 했으니 무척 고됐어. 눈, 목, 손발 안 아픈 곳이 없었다고 해. 하지만 수도사들은 딱딱한 의자에 앉아서 하는 이 일을 수도하는 것이라고 여기고 참고 한 거야.

책 공방에서는 여러 명이 역할을 나누어 책을 만들었어. 양피지를 다듬어 밑 작업을 하는 사람, 양피지에 줄을 치는 사람, 필사하는 사람, 교정보는 사람, 제본하는 사람이 모두 달랐어. 특히 교정을 보는 수도사는 가장 학식이 높은 수도사였어. 그건 우리나라 스님들이 경전을 만들 때에도 마찬가지였어. 필사를 하거나 목판을 새겨서 교정을 볼 때 학문의 수준이 가장 높은 스님이 교정을 보았거든.

중세 수도사들은 책을 만드는 일을 여기서 끝내지 않았어. 문단 맨 앞 글자는 크고 화려하게 장식처럼 그려

3. 책으로 엮인 사람들

넣었는데 이 일만 전문적으로 하는 사람이 따로 있을 정도로 중요하게 생각했어. 이 역할을 맡은 사람을 '글자 채식사'라고 불렀어. 어느 시점부터는 글 중간중간 그림도 그려 넣었는데, 덕분에 책이 한층 더 아름다워졌지. 아마 글을 이해하는 데 도움도 주었을 거야.

책을 꾸미는 일은 표지에서 정점을 찍었어. 책을 의뢰하는 사람들은 대부분 돈이 아주 많은 왕족이나 귀족들이었기 때문에 좀 더 특별한 책을 갖고 싶어 했어. 그래서 책 내지를 꾸미는 것 말고도 표지에 공을 들였지. 각종 보석까지 붙여 장식을 할 정도였어.

이렇게 만든 책은 대대로 내려오는 집안의 보물이 되기도 했고, 도둑이 훔쳐 가고 싶어 하는 귀한 물건 중 하나가 되기도 했어. 그도 그럴 것이, 책 한 권 값으로 양 200마리는 물론 호밀 수십 가마니를 지불하기도 했다니 그 가치가 어땠을지 상상해 봐. 지금도 이렇게 수작업으로 책을 만들고 보석까지 붙여 주면 값이 꽤 비쌀 것 같지 않니? 정성을 생각하면 돈으로 값을 매기기도 쉽지 않을 것 같아.

필사본 ⓒ steve estvanik / shutterstock.com

인쇄술 발명으로 새로운 장인이 등장

언제나 새로운 기술은 새로운 직업을 만들기 마련이야. 우리나라에서도 인쇄술이 생겨나고 나서는 인쇄를 할 판을 만들 손재주가 좋은 장인들이 본격적으로 등장했어.

팔만대장경 목판 ⓒ 강화역사박물관 복제본

목판을 만드는 전문가는 필사가 못지않게 중요한 역할이었어. 목판에 글자나 그림을 새기는 사람을 '각자장'이라고 하는데, 각자장의 역할은 목판 인쇄의 핵심이었지. 한 페이지에 인쇄되는 내용 전체를 하나의 목판에 새기는 과정에서 글자가 하나라도 틀리면 목판을 새로 만들어야 했으니 말이야. 각자장은 매우 세심하고 정교하게 글자를 하나하나 새겨 넣었어.

게다가 그 시대에는 한글이 없고 한자만 사용하던 시절이었어. 한자는 글자의 획이 많고 복잡해서 목판에 새겨 넣기 굉장히 까다로웠어. 그래서 각자장은 보통 장인 정신으로는 할 수 없는 일이었지.

금속 활자를 만드는 장인도 있었냐고? 물론이야. 그들은 '금속 활자장'이라고 불렀어. 금속 활자를 만드는 과정은 목판이랑 달라. 목판은 망치와 끌을 이용해서 글자를 새기는 일이 중심이었지만, 활자는 납이나 구리 등을 부어서 글자틀을 만드는 게 핵심이었어. 과정에 차이가 있었기 때문에 각자 전문성을 유지하며 함께 일할 수 있었지. 금속 활자가 활성화되었어도 목판 인쇄나 필사가 사라진 건 아니었기 때문이야. 각자장과 금속 활자장은 오늘날까지도 장인의 명맥을 유지하고 있어. 만드는 기술을 잊지 않기 위해 대대로 기술을 물려준 거야.

조선 시대에는 왕실에서 '주자소'라는 인쇄소와 '조지서'라는 종이 제작소를 설치해서 국가가 직접 장인들을 관리했어. 어떤 책을 만들어 보급할지도 국가에서 정할 정도였어.

특히 주자소에서는 활자를 만드는 장인부터 인쇄를 담당하는 장인까지 모두 전문화하여 100여 명이 넘는 장인이 일을 했어. 규율이 아주 엄격해서, 책에 오자가 나오면 담당 직원들이 곤장을 맞거나 직위에서 쫓겨나기도 했대. 책을 만드는 일을 국가사업의 하나로 생각했고, 중국에서 책을 사 오지 않으면 책을 구하기 어려웠기 때문에 필사를 하고 인쇄를 하는 과정에서 더욱 깐깐했던 거야. 그래도 오자 하나에 곤장이라니 너무한 거 아닌가 하는 생각도 들어.

유럽에도 인쇄소가 등장하면서 새로운 직업이 생겼어. 구텐베르크가 금속 활자를 만들고 인쇄소를 만들어 낸 뒤에 다른 곳에서도 많은 인쇄소가 생겼거든. 당연히 활자를 전문적으로 만드는 장인이 늘어났지. 동양보다 유럽에서 활자가 더욱 활발하게 쓰일 수 있었던 건 글자 수 때문이기도 해. 알파벳은 대문자와 소문자를 구분해도 각각 26개씩 모두 52개잖아. 하지만 한자는 몇 만 개의 활자를 만들어도 모자랄 정도였어. 그러니 동양에서는 목판 인쇄가 더 많이 쓰였고, 유럽에서는 활자가 더 많이 쓰인 거지.

하지만 우리나라도 유럽도 식자공의 역할은 매우 중요했어. 식자공은 원고 내용에 맞게 활자를 판에 배열하는 사람이야. 한 글자라도 판에 잘못 넣으면 책의 내용이 틀려지니까 아주 꼼꼼하게 작업해야 했어. 그렇다고 느리면 곤란하니까 노력에 노력을 거듭해 매우 빠르게 작업

해야 했어. 활자가 들어 있는 통을 보지 않고도 정확하게 맞는 활자를 꺼낼 정도로 손이 빨랐다니, 대단하지?

식자공이 그리스어나 라틴어를 잘하는 건 기본이었어. 우리나라의 식자공도 글자를 모두 읽고 쓸 줄 알아야 했지. 손만 빠른 게 아니라 언어도 뛰어나야 했어. 매우 피곤한 직업이었겠어. 하지만 자신의 손에서 한 권의 책이 만들어지는 걸 명예롭게 생각했겠지?

구텐베르크의 인쇄소에는 우리나라 인쇄소에 없는 직업이 하나 있었

3. 책으로 엮인 사람들 79

는데, 바로 인쇄기를 누르는 사람이었어. 유럽의 인쇄소에는 식자공, 잉크공, 인쇄공, 제본공 이렇게 각 분야마다 전문가가 나뉘어 있었어. 그중에서 인쇄공은 인쇄기 손잡이를 당겨 인쇄를 하는 사람이야. 당시 종이가 매우 질겨서 인쇄기를 이용했다는 이야기를 했었지? 그만큼 인쇄기를 누르는 데에 엄청난 힘이 필요해서 힘쓰는 사람을 따로 둔 거지.

동양에서는 목판이나 활자를 새기는 장인과 종이를 만드는 장인의 능력에 따라 인쇄의 질을 결정했으니 이들의 역할이 매우 컸고, 서양에서는 인쇄기를 얼마나 발전시키느냐에 따라 인쇄의 질이 결정되었기 때문에 서로 발전 방향이 조금은 달랐어.

책을 팔 수 없는 나라와 책을 팔 수 있는 나라

만드는 기술자가 등장하고 물건이 만들어지면, 그 물건을 원하는 사람들에게 판매를 하는 사람이 등장하기 마련이잖아. 하지만 옛날에는 책이 귀한 만큼 책을 사고파는 일도 쉽지 않았나 봐.

조선 시대에는 책을 아무나 만들 수도 없고 가질 수도 없었어. 책은 거의 양반들만 가지고 있는 물건이었지. 신분이 낮은 사람들은 글을 배울 수 있는 기회조차 없었어. 게다가 물건을 사고파는 일이 아주 천하다고 생각해서 감히 책을 사고판다는 건 당시 양반들에게는 용납할 수 없는 일이었대. 아예 나라에서 서점을 운영하는 걸 허락하지 않아서 더욱 책을 구하기 힘들었지.

하지만 시대가 변해 가면서 책을 읽고 싶어 하는 사람들이 점차 늘어났어. 사람들은 서점이 없어도 책장수를 통해서 책을 구해 읽었단다. 당시 책을 가지고 다니며 파는 사람을 '책쾌'라고 불렀어.

책쾌의 활약이 두드러진 조선 후기가 되면, 일반 백성들 중에 글자를 배우는 사람들이 점점 늘어나. 그리고 한글을 사용하는 사람들도 늘어나면서 한글 소설이 대유행을 하지. 우리한테도 익숙한 『홍길동전』, 『춘향전』 등이 이 당시에 유행한 소설들이야.

양반을 풍자하는 한글 소설은 서민들 사이에서 대유행을 할 수밖에 없었어. 못된 양반을 혼내 주고, 양반을 우스꽝스럽게 풍자하고, 잘못된 사회 풍습을 비판하는 목소리에 끄덕이지 않은 사람이 없을 정도였으니까. 조선 후기는 부패한 관리들 때문에 백성들이 살기 어려웠던 시기여서 더욱 그랬지.

사람들은 책을 통해 위로받고 새로운 세상을 꿈꾸기 시작했어. 책을 필요로 하는 사람들은 점점 더 늘어났지. 책쾌의 활동으로는 부족했는지 '세책점'이라는 곳도 생겨났어. 지금으로 따지면 도서 대여점 정도로 설명할 수 있겠다. 책장수한테 책을 못 사는 사람들은 빌려서라도 읽었지.

책장수는 책을 구해다 파는 것만으로는 수요가 맞지 않다 보니 직접 책을 만들어 팔기 시작했어. 책을 갖고 싶어 하는 일반 백성들이 늘어나니까 급하게 필사를 해서 팔기 시작한 거지. 이렇게 민간에서 판매를 하기 위해 위해 필사를 한 책을 '방각본'이라고 불렀어. 방각본은 처음에는 한글 소설 중심이었는데, 점차 학습서, 농사법이나 의술을 기록한 실용 책도 늘어났어. 책을

사고파는 일이 급속도로 늘어나기 시작한 건 이때부터야.

백성들은 방각본 중에 어떤 책을 가장 많이 사 봤을까? 바로 『천자문』이야. 농사만 알고 태어날 때부터 정해진 신분에서 벗어날 수 없다고만 생각했던 백성들은 배움에 눈을 뜨게 돼. 글자를 익히면 좀 더 많은 것을 알게 되고 넓은 세상으로 나아갈 수 있다는 걸 알게 된 거야. 글을 익히고 책을 읽어 나가면서 점점 부당한 제도에 반대의 손을 드는 사람들도 늘어났어.

유럽은 어땠을까? 목판이나 활자를 만들어 관리하는 일을 나라 관청에서 했던 우리나라와는 달리, 유럽에서는 개인이 인쇄업을 할 수 있었어. 활자를 발명하고 인쇄기를 만들어 쓴 구텐베르크도 사업가였지. 구텐베르크의 인쇄소가 잘되기 시작하니까 여기저기서 인쇄소를 개업하는 사람들이 늘어났다나 봐. 게다가 그 무렵은 주요 도시 이곳저곳에 대학이 생기던 시기였어. 공부를 하기 위해 책을 구하는 사람들이 폭발적으로 늘어났지. 인쇄소들은 신나게 책을 만들어 찍고 또 찍었어.

그 당시에는 인쇄소에서 책을 판매도 했어. 지금의 인쇄소하고는 역할이 조금 달랐지. 인쇄업자는 책을 찍어 내는 일만 하지 않고, 직접 번역을 하기도 하고 원고를 편집하기도 했대. 식자가 제대로 들어갔나 확인도 해야 하니 교정도 보는 능력자였어. 물론 자기네 인쇄소에서 찍

은 책을 잘 팔아야 했으니 영업도 했지. 지금으로 따지면 1인 출판사의 역할을 했다고 봐야겠다.

물론 유럽에서도 계급이 낮고 가난한 사람들은 책을 읽거나 공부를 하는 건 꿈도 못 꿨어. 책의 수가 늘어났다고는 해도 책은 여전히 비싼 물건이었거든. 게다가 글을 배우는 일이 먹고살기 바쁜 백성들에게는 사치처럼 느껴졌을 거야.

하지만 나라에서 책을 팔지 못하게 한 곳과 개인이 인쇄를 해서 자유롭게 책을 팔 수 있었던 곳은, 백성들의 생각이 변화하는 속도가 달랐어. 시민들이 똘똘 뭉쳐 봉건 제도를 무너뜨리기 위해 파리에서 일으킨 프랑스 혁명이 1787년에 일어났는데, 그때 우리나라는 양반의 세도 정치 횡포가 극도로 심각해지는 시기였지. 물론 우리나라도 이미 백성들 사이에서 양반 정치를 부정하는 사람들이 늘어나긴 했지만 실행에 옮긴 건 한참 뒤야.

우리나라는 특히 조선 시대 이후 일제 강점기가 이어졌기 때문에 출판 발전에 제약이 많았어. 책을 만들 자유도 읽을 자유도 오랜 시간 억압을 받아 온 거야. 그러니 책을 만드는 일을 이어 온 사람들의 노력에 박수를 더 보내야 될 것 같아.

책을 통해 더 많은 사람들이 배우고 생각을 나누고 사회가 발전하길 바라는 마음은 동서양을 가리지 않고 점점 커져 갔어. 도서관이 발달하고 책을 만드는 기술이 급속도로 발달한 것이 시민 의식의 성장과 맞물리는 걸 보면 말이야.

책을 만드는 데 이렇게 많은 사람들의 노력이 들어간 건 처음 알았어.

지금은 컴퓨터가 있으니 책을 만들 때 편리해진 부분도 있겠지만 그래도 여러 사람의 머리를 모아야 하는 건 변함없어.

이야기를 듣다 보니, 옛날에 태어났으면 내 손재주로 책 표지를 장식하는 일을 했을 것 같아.
이렇게 어렵게 만든 책은 어디다 두었을까? 옛날에도 지금처럼 도서관이 많았어? 그 이야기도 해 줄 거지?

이제 궁금한 게 많아지나 보다?
책장이 술술 넘어가는 일만 남았구나!

지금도 여럿이 모여야 책이 나와

현대에도 책을 한 권 만들기 위해서는 많은 사람들의 손이 필요해. 책을 만드는 과정을 통해서 직업에 대해 살짝 알려 줄게.

작가는 글을 쓰는 사람이야. 직접 기획을 하기도 하고 출판사에서 제안하는 이야기를 쓰기도 해. 작가가 글을 쓰면 출판사에 있는 편집자의 손으로 넘어가. 편집자는 작가와 화가와 디자이너와 함께 의논하며 책의 틀을 잡고 교정 교열도 보며 책을 완성하는 과정을 조율해 나가. 화가는 이야기를 바탕으로 그림을 그리지. 디자이너는 글과 그림을 받아 책의 콘셉트에 맞게 컴퓨터를 이용해서 책을 디자인해.

편집자와 디자이너와 작가, 화가는 책을 만들어 가는 과정에서

여러 번 논의하고 수정해 나가. 좀 더 재미있는 책을 만들기 위한 과정이지. 제목을 결정하고 표지 디자인이 완성되면 인쇄소로 데이터를 보내 인쇄를 하고, 제본소에서 책을 묶어 책을 완성해.

이렇게 책이 나오기만 하면 끝이냐고? 아니지. 요즘은 다양한 책이 많이 출판되고 있잖아. 그래서 책을 독자에게 소개하는 일도 중요해졌어. 출판사의 마케터가 책을 홍보하는 일을 담당하고 있어.

그렇게 소개된 책은 서점과 도서관에서 만날 수 있어. 서점에 가면 서점원이, 도서관에 가면 사서가 있어서 우리가 책을 찾거나 사러 갈 때 도움을 주고 있어. 한 권의 책이 너희들 손에 가기까지 이렇게 많은 사람들의 손을 거쳐 간다는 것 기억해 줘!

책 옆에 책, 그 옆에 책, 또 옆에 책이 있는 장소는 어디일까? 예부터 학자들의 보물 창고였고, 나중에는 시민들의 열정 창고가 된 곳이야. 정답은 도서관! 책을 잘 분류해서 보관할 수 있는 공간이자 그 시대 문화를 대변하는 장소이기도 해. 천장까지 빼곡하게 꽂혀 있는 도서관의 책들을 보면 이곳이야말로 모험을 하기 딱 좋은 장소라는 생각이 들 정도야. 생각해 봐. 너와 내가 만난 장소도 도서관이잖아? 여기서 나를 만나 책 모험을 했잖아!

세계 최초 거대 도서관

고대 이집트 알렉산드리아는 국제 무역과 문화의 중심지였어. 세계 지도를 펴 보자. 알렉산드리아 위치를 보면 왜 무역의 중심지였는지 알게 될 거야. 알렉산드리아는 이집트 가장 북쪽에 있는 항구 도시야. 지중해와 맞붙어 있어 주변 나라들과 활발하게 교류하기 좋은 위치지.

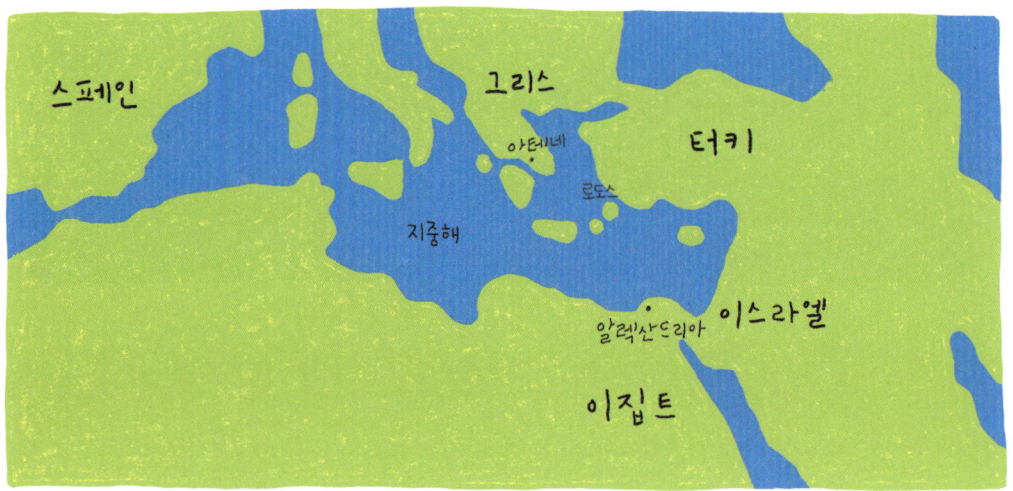

그래서 알렉산드리아 도서관은 거대 도서관으로 성장하기에 좋은 조건을 갖추고 있었어. 온갖 상인들이 드나드니 새로운 소식을 듣거나 다른 나라에서 만든 책을 사기에 좋았어. 교통이 편리하니까 주변 나라 예술가들이나 학자들이 건너오기도 좋았지. 왕은 예술가나 학자들에게

연구할 터를 마련해 준다며 알렉산드리아로 불러 모았어. 알렉산드리아는 단번에 학문과 문화의 중심지가 되었지.

알렉산드리아 도서관은 초기에는 점령지를 수월하게 지배하기 위해서 활용되었다고 해. 그 지역의 문화가 담긴 책을 그리스어로 번역해서 점령지의 문화를 이해하고 보급하는 데 썼는데, 그 책을 보관하는 역할도 했지. 그러다가 당시의 자료뿐만 아니라 아주 오래된 옛 자료들까지 모두 수집하고자 했어. 이렇게 책을 수집하고 수많은 두루마리 책을 보관하는 일은 당시로서는 획기적인 일이었어. 책을 만들기도 갖기도 힘든 때인데 그걸 모으는 일은 더욱 어려운 일이었거든.

이렇게 많은 책은 어떤 방식으로 모았을까? 당시에는 책을 만들기 위해서는 필사를 하는 방법밖에 없었는데, 필사만 해서는 그 많은 책을 모으긴 어려울 것 같지 않아? 필사는 너무나 오랜 시간이 걸리는 작업이니까.

일단, 서적 시장으로 손꼽히는 도시 아테네, 로도스와 인접해 있었으니까 그쪽 상인들이 올 때면 적극적으로 책을 주문했지. 그리고 힘을 이용해서 정당하지 못한 방법으로 책을 얻기도 했어. 알렉산드리아에 정박한 배에서 무자비하게 책들을 모두 압수하는 방법이었어. 압수한 책은 필사를 하고 나서 돌려줬는데, 원본 대신 필사본을 돌려준 경우도 있었어. 원본을 정말 중요하게 여기던 시대인데, 강제로 원본을 빼앗긴 상인들은 억울했을 거야. 혹은 다른 도서관에서도 책을 대량으로 빌려 원본 대신 필사본을 주고는 억지로 돈을 지불해서 사들이기도 했대.

이렇게 왕의 욕심에 맞춰 무지막지한 방법까지 동원한 덕분일까? 설립된 지 60년 만에 알렉산드리아 도서관은 학자들에게 가장 중요한 자료들을 제공할 수 있는 중심 도서관이 되었어. 그리고 국가 문서와 자료 원본을 소장한 국가 기관으로

필사본 내용을 검증할 수 있는 곳이 되었어.

고대는 지식이 모이는 곳에 새로운 문화와 기술이 생기고, 지식인들이 모여드는 곳에 새로운 권력과 도시 국가가 생기던 시대야. 이런 시대에 도서관은 어떤 의미였겠어? 얼마나 강력한 힘을 갖추고 있는 왕국인지를 보여 주기에 안성맞춤이지.

그래서 이웃해 있던 페르가몬 왕국과 도서관 경쟁을 했다는 이야기를 앞에서 했었지? 페르가몬 도서관도 알렉산드리아 도서관 못지않게 거대한 도서관이었어. 게다가 페르가몬 도서관에는 조각 교육 기관이 있어서 유능한 조각가들을 길러 냈어. 페르가몬은 도시 전체가 헬레니즘 예술과 학문의 중심지가 되기에 부족함이 없었지.

개인 도서관이 늘어나다

알렉산드리아 도서관이 번성하던 시기에 서적 무역이 무척 활발할 수 있던 이유는 개인 서고(책을 보관하는 곳)가 활성화되었기 때문이야.

개인 서고는 학자나 귀족을 중심으로 이루어졌어. 학자들은 자신이 연구한 학문을 담은 책을 직접 쓰고 보관하면서 개인 도서관을 만들었어. 아마 대학자 밑에서 수학하던 제자들이 공부를 하며 필사를 하기도 하고, 여러 자료를 모으기도 하면서 책이 늘어났을 거야. 당시 그리스 철학자 아리스토텔레스의 개인 서고는 알렉산드리아 도서관에 영감을 주기도 했을 정도야.

학자들은 책을 끼고 사는 사람들이라지만, 귀족들은 왜 돈을 쏟아부어 굳이 개인 서고를 만들었을까? 책을 모으는 일은 재력도 뽐내고 지적인 매력도 뽐낼 수 있는 방법이었어. 그래서 권력이나 명예까지 차지하고 싶은 귀족들에게는 사치품으로 책만 한 게 없었다고 해.

개인 도서관의 주인들은 책을 채우기 위해서 다양한 방법을 썼어. 우선 친구에게 책을 빌려서 필사를 하는 방법이 있었어. 원본은 돌려주고

필사본을 자기 도서관에 채우는 거야. 책은 비싸고 고급스러운 선물 중 하나여서 선물로 주고받는 경우도 많았어. 개인 도서관을 꾸리고 싶어 할 정도의 사람이면 책을 좋아한다고 소문이 났을 테니까 책은 좋은 선물이 됐을 거야.

서적상에게 책을 사는 방법도 있었지만 선호하는 방법은 아니었대. 국가가 도서관에 원본을 보관해 두었으니까 서적상에 있는 건 대부분 필사본이기 때문이야. 서적상에서 고용하는 필경사가 전문성이 떨어지다 보니 교정을 제대로 보지 않아 오류가 많았다고 해. 책을 급하게 베껴 써서 팔다 벌어진 일이겠지. 그래도 급할 땐 어쩔 수 없이 서적상을 이용해서 책을 샀어.

새로운 형태의 도서관 등장

로마 시대로 넘어가면 공공 도서관이 등장해. 공공 도서관은 말 그대로 그 사회 구성원이면 누구나 이용할 수 있는 도서관을 뜻해. 하지만 로마 시대 공공 도서관은 지금의 공공 도서관과 개념이 조금 달라. 로마 시대 공공 도서관은 '누구든' 이용할 수 있는 건 아니었어. 신분이 철저하게 나뉘어져 있던 시대잖아. 로마는 신분이 귀족, 자유민, 노예로 구분되어 있었어. 공공 도서관을 이용할 수 있는 '누구든'은 노예를 제외한 자유민들에 한정된 이야기였던 거지. 귀족은 어차피 자기네 개인 서고에 상당한 책을 보유하고 있었을 테니 즐겨 이용하지 않았을 거야.

자유민은 로마의 시민 계급으로 국가에서 제공하는 혜택도 적당히 누리고 자신들의 목소리를 낼 수도 있었어. 국가의 부름을 받아 일을 하고 대가를 받을 수 있었지. 당시 로마에는 대중목욕탕처럼 로마 시민들이 여가를 즐길 수 있는 곳이 여러 곳 있었는데 공공 도서관도 그중 하나였어. 대중목욕탕이나 도서관은 시민들이 모여 쉬기만 하는 곳이 아니라 사람들이 모여 자연스레 토론을 하거나 여론을 형성하는 곳이었지.

이후 이슬람 제국이 등장하면서 다시 한 번 새로운 형태의 도서관이 등장하게 돼. 아바스 왕조 시기에 바그다드에 세워진 '지혜의 전당'이라는 도서관이야. 이슬람 제국이 유럽까지 세력을 확장하던 그 시기에, 이슬람 문화와 그리스 문화 등 여러 나라의 학문과 문화가 뒤섞이면서 새로운 예술과 학문이 탄생하는 계기가 되었어.

그때 도서관에서 가장 큰 역할을 한 작업은 '번역'이야. 지혜의 전당 초기에는 페르시아어로 된 문헌을 아랍어로 번역해서 보관하는 게 주요한 일이었대. 이후 이슬람 세력이 넓어지면서 그리스어로 된 문헌까지 번역하여 도서관 영역을 넓혔지. 그리고 전쟁으로 나라를 잃고 갈 곳 없

는 학자들을 흡수하지. 덕분에 이슬람 제국의 과학과 학문이 크게 발전하게 돼.

도서관은 이슬람 제국의 학문뿐만 아니라 훗날 유럽의 철학 발달에도 영향을 줘. 당시 중세 유럽에서는 수도원이 도서관의 중심이 되고 신학 서적 중심으로 장서를 구성했어. 그리하여 고대 로마에서 이어 온 공공 도서관이 더는 발전하지 못하는 상황이었지. 철학을 연구하던 학자의 흐름도 거의 끊기게 돼. 모든 게 교회 중심이었으니까. 하지만 이슬람 제국에서 그리스 철학자들의 도서를 활발하게 번역해 둔 덕분에, 훗날 르네상스 시대에 와서 고대 그리스 철학을 복원하는 데 큰 도움이 되었다고 해.

르네상스 시대에는 피렌체의 메디치 도서관이 가장 유명했어. 르네상스 시대 철학의 기초가 된 이 도서관은 피렌체에서 가장 영향력이 있던 메디치 가문이 운영하는 도서관이었어. 메디치 가문은 가능성 있는 예술가들과 수많은

학자들을 후원하기로 유명했어. 그래서 도서관에는 온갖 희귀한 책들이 보관되어 있었지.

메디치 도서관 이후에 유럽의 도서관은 수많은 전쟁에 없어지기도 하고 다시 지어지기도 하면서 오늘날까지 이어져 왔어.

국가 중심인 우리나라 도서관

유럽에서 다양한 형태의 도서관이 나타나고 사라지기를 반복하는 동안 우리나라에는 어떤 도서관이 생겨났을까? 우리나라는 나라에서 책을 발행하고 보관하고 관리했어. 이유는, 학문 연구가 국가를 중심으로 이루어졌기 때문이야. 그래서 도서관도 왕실 중심으로 생겨났어.

다만 고구려에 '경당'이라는 사설 교육 기관이 있었는데, 이곳에서는 서적을 수집해 여러 사람이 이용할 수 있게 했다고 해. 평민들이 책을 읽고 궁술(활 쏘는 기술)을 익히기도 했지. 최초의 도서관 구실을 한 곳이라고 볼 수 있어.

고려 시대에는 청연각과 보문각이라는 도서관을 왕궁에서 설립했는데, 이곳에서 학자들은 강론을 하고 토론을 하며 자료를 볼 수 있었어. 궁 밖에는 '수서원'이라는 지방 도서관이 있었어. 책을 수집하고 보존

하고 활용하는 업무를 담당했지. 그리고 국가에서 설립한 대학 국자감이 있어 많은 장서를 보관하며 교육에 활용하였지.

조선 시대 도서관도 고려의 뿌리를 이어 온 거야. 관청에서 운영하는 도서관, 성균관과 서원에서 운영하는 교육 기관 도서관, 사찰 도서관이 전부였어. 모두 유교 서적 중심이었고 사찰 도서관은 불교 경전이 주요 도서였으니 책의 종류가 다양하지 못했어.

다만 서원에서는 자체적으로 도서관을 운영할 수 있었어. 여기에 보관된 도서들은 서원 학생들의 교육과 학술 연구에 활용되었어. 서원 도서관 규모가 작지 않았기 때문에 책을 관리하는 사서도 있었다고 해. 사서는 도서를 구매하고 분류, 대출, 기록하는 일을 맡아서 했지. 목록 편찬 업무도 맡아서 했으니 지금의 사서 역할과 비슷하다고 할 수 있지.

집현전과 규장각

책을 좋아하는 왕이 다스리는 시기에는 왕실에서 책을 활발하게 출판하고 보급했어. 세종은 조선 시대 왕들 중에서 독서광으로 유명해. 세종은 집현전 학자들을 위해 왕실에서 책을 적극 출판했어. 학자들이 언제든지 집중해서 책을 읽을 수 있는 자리도 마련해 주었다고 해. 게다가 젊은 학자들이 책을 마음껏 읽을 수 있도록 '사가독서'라는 독서 휴가 제도도 실시했어. 책을 마음껏 읽을 수 있는 휴가라니 책을 좋아하는 사람이라면 너무나 부러워할 일이야.

책을 미치도록 좋아한 또 다른 왕은 누구일까? 바로 정조야. 정조는 왕실에서 보관하고 있던 책들이 화재와 전쟁으로 소실되었다는 걸 알고 왕실 안에 규장각을 설치해. 왕실 안에 있는 규장각을 내규장각이라고 불렀는데, 역대 임금의 시문과 글씨를 보관하는 장소로 활용했다고 해. 나중에 왕궁 밖에 외규장각을 세우면서 구분하여 불렀다는구나.

정조는 학식이 뛰어난 인재를 규장각 검서관으로 등용해서 도서관을 관리하게 했어. 검서관은 오늘날의 사서처럼 새로운 책이 들어오면 내용을 파악하고 분류하는 일을 했어. 늘 어나는 장서를 효율적으로 관리하기 위해서는 책에 대해서 잘 알고 있어야 했고 내용도 파악해야 했으므로 학문 수준이 높아야 했지. 박제가, 정약용 등 신분에 관계없이 학문에 뛰어난 능력이 있으면 규장각 검서관으로 뽑았어. 그러다 보니 규장각은 점차 정조가 인재를 키우고 등용하는 공간으로 발전하게 돼. 학자들과 정책을 의논하고 연구하는 곳으로 확장되면서, 정조가 펼친 혁신 정치에 큰 역할을 했다고 해.

그러면서 당연히 건물 규모도 확장했어. 각 건물에 따라 역할을 달리했지. 왕실의 자료를 보관하는 곳, 우리나라 도서를 소장하는 곳, 중국에서 들여온 서적을 보관하는 곳을 따로 운영할 정도로 자료를 확보했어.

그리고 규장각에는 특이한 장소도 하나 있었어. 젖거나 축축한 책을

창덕궁 후원 부용지 주변에 세워진 규장각

건조하는 공간이야. 젖은 책을 다른 책과 섞어 보관하면 도서관에 습기가 차고 책이 상했겠지. 그래서 건조에 특별히 신경을 썼을 거야. 책을 무척 소중하게 여기는 왕의 마음이 담겨 있는 공간이지.

또한 외규장각을 강화도에 따로 지어서 다른 나라의 침략이 있을 때를 대비했대. 외규장각은 왕실의 문헌을 보호하고자 지은 곳이야. 외규장각이나 외사고는 다른 나라에서는 보기 힘든 조금 독특한 형태의 도서관이야. 이 도서관들은 책을 열람하기 위한 도서관이 아니라 그야말로 국가의 중요한 문서를 보존하기 위해서만 존재하는 도서관이거든.

조선 시대의 실록은 무척이나 중요한 문서였어. 조선 왕조 역사를 기록한 물건이니 정말 귀중한 기록물이었지. 하지만 변란이 많은 나라였기 때문에 한 곳에만 문서들을 보관하기엔 불안했어. 그래서 서울과 지방에 나누어 보관하기로 한 거지. 서울에 있는 것을 내사고라고 불렀고 지방에 있는 것을 외사고라고 불렀어.

조선 초기에는 충주, 전주, 성주에 외사고를 설치했지만, 임진왜란 때 전주 사고에 있는 실록만 보존할 수 있었고 모두 불타 버렸어. 그 뒤로는 산 위로 위치를 옮겨 다섯 군데로 나누어 실록이 사라지는 걸 방지하기 위해 노력했어.

강화도에 있는 외규장각도 병인양요 때 프랑스의 침략을 받아서 의궤(왕실과 국가의 중요 행사의 준비 과정부터 진행 과정을 정리한 기록물)를 약탈당했어. 선교사로 왔던 한 프랑스 신부가 의궤를 발견했을 때

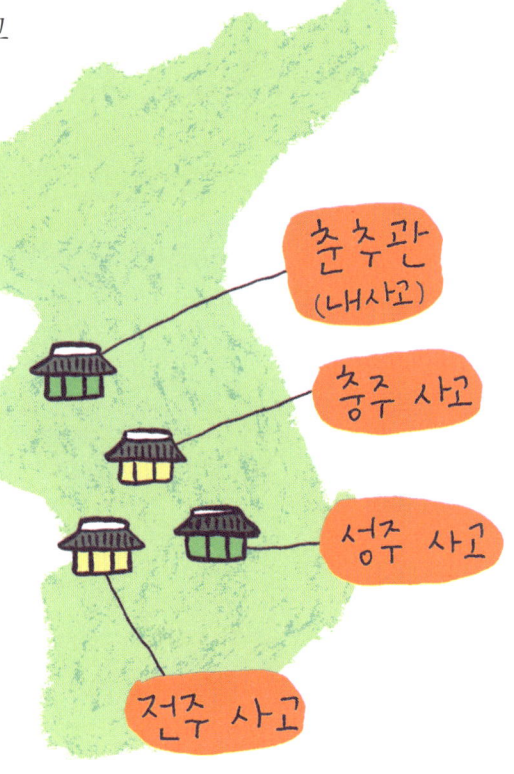

감탄했던 일을 기록으로 남겨 두었는데. 의궤의 금박 인쇄와 구리 경첩이 달린 것, 제본술이 뛰어나 무척 놀라워했다고 해. 임금이 보는 어람용 의궤는 특별히 종이의 질도 최상급으로 쓰고 글씨나 그림도 완성도가 매우 높았기 때문에 다른 나라 사람이 보아도 매우 가치가 높은 책이라는 걸 알 수 있던 거지.

국가가 시민들에게 제공하는 책

누구나 무료로 이용할 수 있는 도서관은 1850년대 미국에서 시작되었어. 이때 생긴 도서관이 현대 공공 도서관의 시작이야. 신분의 차별 없이, 경제적 형편의 구분 없이 누구나 책을 읽을 수 있게 되었다는 건 여러 가지 의미가 있어. 글을 읽을 수 있는 사람이 늘어났다는 뜻이고, 교육을 받을 수 있는 사람의 범위가 넓어졌다는 의미이기도 해. 산업이 발전해서 국가에 돈이 생기고, 그 돈으로 국민들에게 문화 산업을 지원해 줄 수 있게 되었다는 뜻이기도 하지.

미국에서 공공 도서관을 늘리게 된 것은 민주주의 제도를 정착시키기 위해서였어. 사람들이 선거와 정치에 관심을 갖게 하려고 하다 보니 일반 대중을 교육하는 일이 무엇보다 중요해졌어. 그 역할을 공공 도서관이 하게 된 거지.

유럽도 현대로 와서 도서관의 기능이 확장됐어. 그때까지는 특정 지식인들이 연구를 할 수 있게 하는 기능을 중심으로 도서관이 운영되었잖아. 그러다 점차 일반 대중에게 도서관의 문을 열기 시작한 거야. 나라마다 역사적 상황에 따라 조금씩 시기는 달랐지만 점차 공공 도서관은 국가가 국민에게 제공하는 서비스로 자리 잡게 되었어.

우리나라도 일제 강점기에 대학을 중심으로 도서관이 생기기 시작해서 점차 공공 도서관으로 확대되었어. 조선 최초로 미국과 유럽으로 국비 유학을 다녀온 유길준이 쓴 『서유견문』에는 유럽의 도서관에 대한 대목이 있어.

"서구에서는 큰 도시마다 도서관이 없는 곳이 없고, 누구든지 도서를 열람할 수 있다. 각국의 유명한 도서관으로는 영국 런던에 있는 것과 러시아의 상트페테르부르크, 그리고 프랑스 수도 파리에 있는 것들인데, 파리 국립 도서관은 소장 도서 수가 200만 권에 달해서 프랑스 사람들은 항상 긍지를 가지고 있다."

이때부터였을까. 근대로 넘어가는 그 시기에 공공 도서관의 시작으로 볼 수 있는 도서관이 속속 등장해. 우리나라 공공 도서관의 출발점은 평양의 대동서관과 서울의 대한도서관이라고 볼 수 있어. 대한도서관은 1906년에 설립되었는데, 우리나라 최초 국립 도서관이라고 해. 하지만 1910년 일본에 나라를 빼앗기면서 역사를 이어 가지 못했어. 대동서관은 우리나라 최초 사립 공공 도서관이야. 1906년 평양에서 진문옥, 곽용순, 김흥윤 등이 자금을 모아 설립하고 운영했어. 규모는 작

았지만 일반인에게 무료로 개방한 최초의 도서관이라는 점에서 의미가 큰 도서관이야.

지금은 각 지방마다 시립 도서관이나 도립 도서관이 있고, 동네마다 작은 도서관도 활발하게 운영하고 있지. 주제나 연령별로 도서관의 역할이 나뉘어져 있기도 해. 그리고 연구를 목적으로 하는 전문 도서관이 있어 각 분야에 맞는 전문 서적을 보유하고 있어. 시각 장애인을 위한 점자 도서관도 있어. 우리나라 대표적인 점자 도서관으로는, 서울 암사동에 한국 점자 도서관과 경북 포항시에 있는 경북 점자 도서관이 있어.

어린이를 위한 도서관도 확대되고 있어. 어린이 도서관에는 어린이들이 편안하게 책을 읽을 수 있도록 책상이나 편의 시설이 어린이에 맞춰 있고, 책도 어린이 책으로 구성되어 있지. 독서 토론, 독서 릴레이, 저자 강연, 동화 구연 등 어린이들이 책과 친해질 수 있게 하는 프로그램도 적극적으로 운영하고 있어.

예나 지금이나 도서관은 그저 책을 모아 두기만 한 곳은 아니야. 사람들이 지적 호기심을 채워 나가고, 학자들이 연구를 하고, 정보를 교환하고 토론을 할 수 있는 곳이지.

앞으로도 시민들의 문화 공간으로 그 역할이 점점 확대되어야 해. 사람들이 책과 더욱 친해질 수 있도록 다양한 프로그램을 마련하는 것도 현대 도서관의 역할 중 하나일 거야. 도서관이 왜 그 역할을 도맡아야 하는지 더 이상 설명하지 않아도 되겠지? 지금까지 이야기한 책의 역사가 그 말을 대신해 주었을 테니까.

도서관은 그저 책을 보관하는 곳이 아니었어. 나라의 힘을 나타내기도 하고 국민에게 힘을 실어 주기도 했어.

맞아. 옛날에는 책에서 모든 질문의 답을 찾는 경우가 많았어. 그러니 도서관은 세상이 나아갈 방향을 말해 주는 곳이었을 거야.

응. 세상의 소식과 지식이 모여 있는 곳이니까 사람들이 책을 통해서 모험을 떠나는 느낌도 들었겠다. 하지만 요즘에는 그 역할을 휴대 전화가 하고 있잖아? 인터넷만 있으면 책뿐만 아니라 모든 자료를 찾을 수 있다고!

물론 스마트폰이 발달하면서 새로운 형태의 책도 생겼어. 그렇다고 책이 맡은 역할이 변한 건 아니야. 너랑 그 고민을 해 보아야겠구나. 미래의 책 말이야!

도서관 여행을 떠나자

세계에는 멋진 도서관이 정말 많아. 우리가 가 보면 좋을 것 같은 세계 도서관을 몇 군데만 소개할게.

우선 알렉산드리아 도서관 이야기부터 해 볼까? 지금 이집트에 있는 알렉산드리아 도서관은 고대 유물이 아니라 2002년에 새롭게 지어진 곳이야. 고대 도서관은 전쟁으로 파괴된 지 오래야. 도서관 건물은 떠오르는 태양을 형상화했다고 해. 태양이 대지와 인간을 비추어 주어 삶을 이어 준다고 생각했던 고대 정신을 담아낸 거지.

도서관 벽면에는 세계 모든 문자를 새겨 넣은 석판이 모자이크처럼 장식되어 있어 매우 인상적이야. 당연히 한글도 당당하게 자리하고 있어. 사진에서 한번 한글을 찾아봐, 어떤 글자가 보이니?

알렉산드리아 도서관과 경쟁 관계에 있던 페르가몬 도서관은 어디에 있냐고? 페르가몬 유적지는

알렉산드리아 도서관 ⓒ Copycat37 / shutterstock.com

지금의 터키에 위치해 있었어. 하지만 도서관 유물은 지금 베를린 '박물관 섬'에 옮겨져 있어.

그러고 보면 우리나라 유물도 해외에 흩어져 있는 경우가 있어. 세계 최초 금속 활자 인쇄본인『직지심체요절』은 아직도 프랑스 리슐리외 국립 도서관에 있어.『직지심체요절』은 박병선 박사가 프랑스로 유학을 가 공부한 뒤 1967년 프랑스 국립 도서관 연구원으로 근무하던 당시 발견한 책이야.

『직지심체요절』이 발견되면서 인쇄술 역사가 뒤바뀌게 되었지. 구텐베르크의 활자본이 '최초'라는 수식어를 내놓아야 했어. 서양의 역사 학자들도 처음에는 이 사실을 인정하려 하지 않았어. 하지만 박병선 박사의 노력으로 『직지심체요절』의 역사적 가치가 입증되었지.

지금도 기술은 계속 발전하고 있으니 새로운 형태의 책이 수없이 등장하게 될 거야. 그 시작을 전자책이라고 봐도 좋겠다. 앞으로 만나게 될 새로운 책의 모습을 상상해 봐. 아주 오랜 옛날, 죽간에 글을 쓰던 어느 학자가 조금 더 편안하게 글을 써서 보관하고 싶은 마음에 종이를 발견한 것처럼, 종이로 된 책을 보완하기 위해 만든 새로운 책을 네 손으로 만들게 될지도 모르잖아.

전자책

컴퓨터와 스마트폰이 발달하면서 이전에는 없던 새로운 형식의 책이 등장했어. 바로 전자책이야. 전자책(e-book이라고도 부른다)은 이미 나온 책의 내용이나 책의 형식으로 나올 저작물을 디지털 데이터로 전환해 전자 기록 매체에 저장하고 수록한 책이야. 컴퓨터나 휴대용 단말기로 내용을 읽고 보고 들을 수 있어.

맨 처음 전자책은 흑백에 텍스트 정도만 볼 수 있게 나왔지만, 휴대용 단말기가 빠르게 발전하면서 전자책 프로그램도 빠르게 발전하고 있어. 지금은 스크린 해상도(화면에서 이미지가 얼마나 정밀하게 구현되는지 나타내는 지표)도 향상되고 메모하기, 텍스트 확대와 축소 등 다양한 기능이 첨가되어 조금 더 편리하게 전자책을 읽을 수 있게 발전하고 있어.

전자책이 처음 등장했을 때 사람들은 곧 종이책이 없어질 거라고 이야기할 만큼 충격을 받았어. 코덱스나 인쇄술의 발명만큼 책이 걸어온 길에서 아주 큰 사건임은 분명해. 책의 형식을 완전히 바꾸어 버렸으니 말이야.

하지만 종이책이 사라질 거라고 생각하진 않아. 전자책과 종이책은 장단점이 분명해서 부족한 부분을 서로 보완하며 공존하지 않을까? 책의 형태가 달라져도 세상을 발전시키고 사람의 생각에 깊이를 더해 준다는 본질은 변하지 않을 거야.

다양한 책의 모습

책은 종이책과 전자책만 있는 건 아니야. 우리 곁에 다양한 모습으로 존재해. 전자책 중에서는 영상과 음악을 넣어 만든 책도 있어. 책을 낭독해서 녹음한 오디오북도 활성화되고 있지. 이러한 책은 앉아서 글을 읽을 수 없는 상황에서도 책을 접할 수 있게 해 줄 거야. 시각 장애인도 책을 귀로 들을 수 있겠지.

시각 장애인들을 위해 만든 점자책도 있어. 점자는 시각 장애인이 손으로 더듬어 글을 읽을 수 있도록 만든 점 글자야. 곳곳에서 점자책을 만들려는 노력이 계속되고 있지만 역부족이어서, 점자책이 일반 도서관에도 좀 더 널리 보급되어야 한다는 목소리가 높아.

유아들을 위해서 만든 헝겊 책이나 팝업북처럼 입체감을 느낄 수 있는 놀이 책도 있어. 아이들이 놀이를 하며 책과 친해질 수 있게 해 주는 역할을 해. 앞으로도 책은 다양한 모습으로 발전하게 될 거야.

미래의 책

인터넷에 자료가 많은 건 사실이지만, 한 가지 주제로 짜임새 있게 엮어 낸 정보가 필요할 때에는 역시 책이 제격이야. 그래서 먼 미래에도 책은 여전히 존재할 거야. 물론 모습은 조금 바뀔지도 몰라.

지금은 상상에 그치는 책들이 현실로 나타날 거야. 기술은 계속 발전하니까. 책은 아날로그의 선두 주자라고 하지만 디지털 세계에서도 한 자리 차지하며 문화를 이끌어 나갈 테지. 영화를 보면서 냄새나 흔들림까지 체험할 수 있는 4D 영화가 등장한 것처럼 책에도 그런 기술이 도입될지 누가 알아?

점점 책과 영화, 음악의 경계가 무너져 새로운 복합 매체도 등장하게 될 거야. 책을 펼치면 홀로그램 영상이 튀어나오고, 극적인 장면에서는 음악이 흘러나오고, 페이지를 넘기면 그 부분에 묘사된 향기가 풍겨 나오는 그런 책 말이야. 어쩌면 손에 들고 읽지 않고도 가만히 앉아 있으면 눈앞에 책이 펼쳐지는 그런 기술이 발전할지도 모르겠다. 너무 영화 같은 이야기라고? 상상이 기술을 끌어낸다는 말도 있잖아. 그런 책 세상도 기대해 보자!

나오는 이야기

내가 만나고 싶은 책!

　홀로그램 영상이 튀어나오는 책, 작은 캡슐로 변신하는 책, 얼굴을 부비면 책의 내용을 알려 주는 책, 내용에 맞는 향기가 나는 책?
　이런저런 상상을 하고 있다 보니 정말 그런 책들을 만들 수 있는지 궁금해졌다. '저런 책을 만드는 방법은 어디서 찾지?' 하고 생각하는 순간 비어 있던 페이지에 글씨가 나타나기 시작했다.

　일단 도서관 과학 분야로 가서 책을 찾아 봐. 그런 기술이 이미 개발되었는지 책을 보면 알 수 있겠지. 그리고 상상의 책에 대한 이야기를 다룬 동화도 많다고. 꼭 네가 원하는 책을 만나서 책과 친해지길 바랄게.

　내 생각을 읽는 네가 가장 신기한 책이라고 말하고 싶었지만, 지금 이 일이 꿈인지 생시인지 구분도 안 가는 상황이라 그만두기로 했다. 그보다 궁금한 게 생기니 몸이 꿈틀꿈틀 어서 움직이고만 싶어졌다.

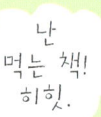
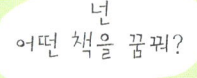

'생각한 내용을 알아볼 수 있는 책을 찾아보아야겠는데…… 이 책을 어떻게 손에서 떼어 내지?'

마음속으로 이 생각을 한 순간, 책이 손에서 툭 떨어졌다.

"헉, 깜짝이야!"

나도 모르게 목소리가 커져서 얼른 주변을 두리번거렸다. 창피한 것보다는 손에서 책이 떨어졌다는 안도감이 더 컸다.

내가 책을 찾아보겠다는 마음을 가져서 떨어진 걸까? 아니면 이 책을 끝까지 모두 읽어서일까? 아무튼 빨리 여기서 벗어나자!

잠깐, 나랑 똑같은 생각을 한 사람이 또 있을까? 세상에는 정말 많은 책이 있으니까 이미 신기한 책 만드는 법을 쓴 책이 있을 수도 있어. 그걸 먼저 찾아보자. 아니지, 지금 겪은 이 일은 누가 들어도 신기한 일이잖아? 오늘 겪은 일을 기록해 뒀다가 책으로 내자! 그러려면 지금부터 할 일은…….

너의 책에 대해 알려 주마!

 책은 어떻게 이루어져 있을까? 하얀 건 종이, 까만 건 글씨 이게 다는 아니라는 것쯤은 이제 알겠지? 어떤 구조로 되어 있는지 좀 더 자세하게 알면 책에 대해 더 잘 이해할 수 있을 거야.

책의 구조를 알아보자

표지
책의 표지는 앞표지와 뒤표지로 나뉘어. 앞표지는 책을 대표하는 얼굴이니까 제목과 저자 이름, 출판사 로고 등이 들어가. 뒤표지는 이 책을 가장 잘 설명할 수 있는 문구를 넣어 독자가 책을 읽기 전에 기대감을 갖게 만들어 주는 역할을 하지.

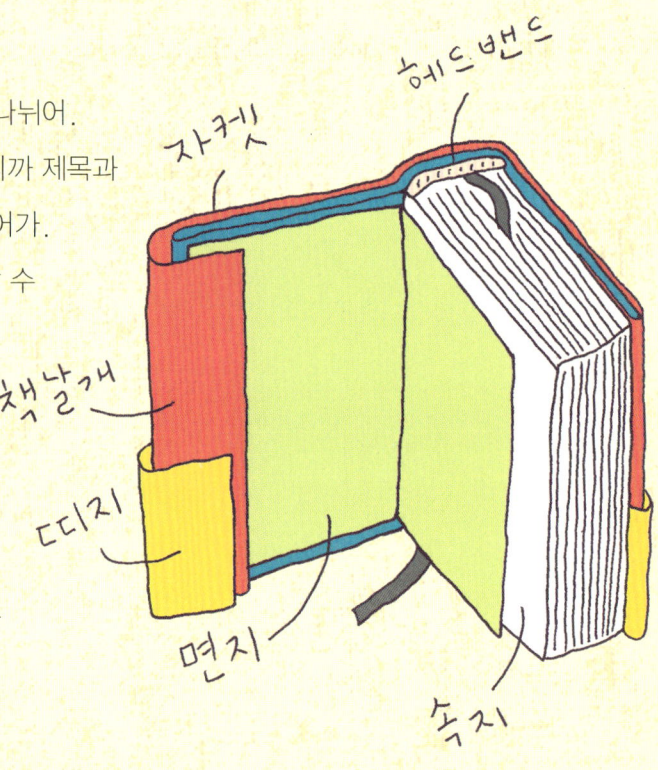

자켓
양장본 표지 위에 한 겹 덧씌우는 커버야. 표지를 장식하는 일종의 포장 요소라고 생각하면 돼.

띠지

표지나 자켓 위에 한 겹 더 두르는 긴 띠 모양의 인쇄물이야. 주로 책을 홍보하는 문안이나 이미지를 넣어. 책이 진열되어 있을 때 독자들의 눈을 사로잡을 수 있게 하기 위해서 만들어.

책날개

표지나 자켓을 책 판형의 가로 길이보다 길게 만들어 넘치는 부분을 책 안쪽으로 접어 넣은 부분을 말해. 이 책에서 앞날개에는 작가와 화가 소개글을 넣었고, 뒷날개에는 독자들에게 더 소개하고 싶은 도서 목록을 넣었어. 표지가 좀 더 단단해지게 만드는 역할도 해.

면지

표지와 본문 사이에 별도의 종이를 넣어 제본을 견고하게 유지해 주는 부분이야. 양장본에서는 표지와 본문에 붙어 이어 주는 역할을 하고, 무선 제본에서 낱장으로 들어가 있는 경우엔 디자인 요소 중 하나일 경우가 많아.

본문(속지)

책의 내용이 인쇄된 부분이야.

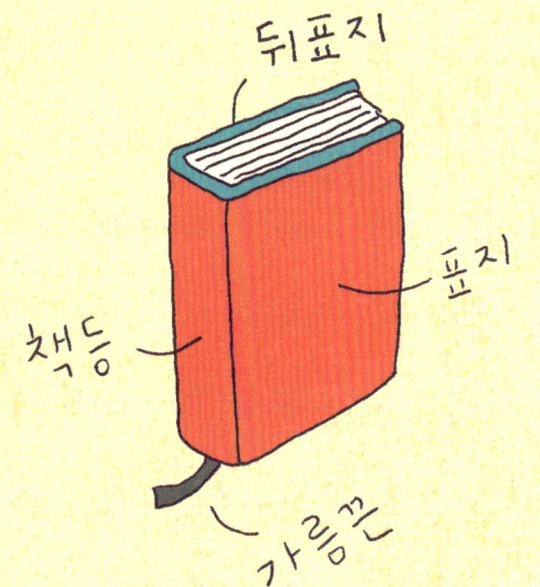

책등
책등에는 제목 등 도서 정보를 제공해 책장에 진열했을 때 알아보기 쉽게 하는 역할을 해.

가름끈, 보람줄
책이 제본된 부분에 바로 연결된 책갈피용 끈이야. 주로 양장본에 있지.

헤드밴드
가름끈처럼 양장본에만 들어가. 실로 묶어 제본하는 방식일 경우 묶은 부분이 책등 위아래에 드러나면 보기 좋지 않으니 질긴 천으로 된 띠를 하나 붙여서 보완하는 거야.

제본 방식에 따라 책의 모습이 달라져

책은 내용에 따라 분류하기도 하지만 제본 방식에 따라 분류할 수도 있어. 어떤 방식으로 제본했느냐에 따라 책이 주는 느낌이 달라지기 때문에 이 또한 중요하다고 할 수 있어.

무선 제본

무선(無 없을 무, 線 실 선)은 실이 없다는 뜻이야. 즉, 책을 제본할 때 실을 사용하지 않고 풀로 붙이는 방식을 말하는 거지. 두껍지 않은 종이를 표지로 써서 가볍게 만드는 페이퍼백(종이 한 장으로 표지를 장정한, 싸고 간편한 책) 같은 경우에 주로 무선 제본을 써. 일반적인 단행본(한 번의 발행으로 출판이 완료된 책)은 거의 무선 제본이지.

양장 제본

속지를 실로 꿰매어 묶고 두꺼운 하드 커버를 사용하여 단단하게 만든 책을 가리켜 양장본이라고 해. 양장 제본으로 만든 책은 보기에 고급스럽고 오래 보관할 수 있는 장점이 있지만 값이 비싼 단점이 있어.

반양장 제본

책을 제본할 때 풀로 붙이고 칼집이 들어간 중간은 실로 꿰매서 튼튼하게 만들지. 양장과 제본 방식이 거의 같지만 표지는 비교적 얇은 소프트 커버(말리거나 접힐 정도로 부드럽기는 하지만 다소 두께가 있는 종이로 만든 책 표지)를 쓴다는 점이 살짝 달라.

판권 용어를 살펴보자

책 뒤나 앞에 '판권'이라고 불리는 페이지가 있어. 출판을 한 곳 정보(주소, 전화번호, 등록 번호 등), 출판한 날짜 등을 표시해 이 책에 대한 출판권이 있음을 나타내고, 동시에 지은이의 저작권을 표시하는 곳이야. 특히 세계 저작권 협약에 따라 ⓒ 표기를 통해 저작권을 반드시 표시하고 있지. 판권에 들어 있는 용어 몇 가지를 소개할게.

쇄
같은 책을 출간한 횟수를 세는 단위. 한 번 인쇄를 돌려 특정 부수를 찍어 냈다는 뜻이야.

초판
처음 출판한 책. '초판 1쇄'란 신간을 첫 번째 인쇄한 출판물이라는 뜻이야.

개정판
전에 출판한 책의 내용을 수정하여 다시 출판한 책을 말해.

증보판
이미 출판한 책에 모자란 내용을 보태 다시 출판한 책이야.

개정증보판
전에 출판한 책 내용을 수정하고 새로운 내용도 덧붙여 다시 출판한 책이야.

ISBN
국제표준도서번호(International Standard Book Number). 책 뒤 표지에 바코드로 표시해. 책에 고유한 식별(분별하여 알아봄) 번호를 부여해 유통을 원활하게 하는 목적으로 쓰여. 한국도서번호는 국제표준도서번호에 부가기호를 덧붙여 사용하는데, 번호 부여와 관리는 국립중앙도서관이 맡고 있어.

사용된 사진 출처

13, 14쪽
점토판 ⓒ Dima Moroz / Shutterstock.com

40, 74쪽
필사본 ⓒ steve estvanik / Shutterstock.com

48쪽
무구정광대다라니경 ⓒ 문화재청

56쪽
구텐베르크 성경 ⓒ Osugi / Shutterstock.com

65, 76쪽
팔만대장경 목판 ⓒ 강화역사박물관 복제본

83쪽
천자문 ⓒ 문화재청

112쪽
알렉산드리아 도서관 ⓒ Copycat37 / Shutterstock.com